珍藏本
纪念版

汉译世界学术名著丛书

论决定自然利息率的原因

对威廉·配第爵士和洛克先生关于这个问题的见解的考察

〔英〕约瑟夫·马西 著

胡企林 译

SINCE 1897 The Commercial Press

2017年·北京

Joseph Massie

AN ESSAY ON THE GOVERNING CAUSES OF THE NATURAL RATE OF INTEREST

The Sentiments of Sir William Petty and Mr. Locke, on that Head, are considered

The Johns Hopkins Press, 1912

根据 J. 霍布金斯出版社 1912 年重印版译出

汉译世界学术名著丛书
（120年纪念版·珍藏本）
出 版 说 明

2017年2月11日，商务印书馆迎来120岁的生日。120年前，商务印书馆前贤怀揣文化救国的理想，抱持“昌明教育，开启民智”的使命，立足本土，放眼寰宇，以出版为津梁，沟通中西，为中国、为世界提供最富智慧的思想文化成果。无论世事白云苍狗，潮流左右激荡，甚至战火硝烟弥漫，始终践行学术报国之志，无改初心。

迻译世界各国学术名著，即其一端。早在20世纪初年便出版《原富》《天演论》等影响至今的代表性著作，1950年代后更致力于外国哲学和社会科学经典的译介，及至1980年代，辑为“汉译世界学术名著丛书”，汇涓为流，蔚为大观。丛书自1981年开始出版，历时三十余年，迄今已推出七百种，是我国现代出版史上规模最大、最为重要的学术翻译工程。

丛书所选之书，立场观点不囿于一派，学科领域不限于一门，皆为文明开启以来，各时代、各国家、各民族的思想与文化精粹，代表着人类已经到达过的精神境界。丛书系统译介世界学术经典，引领时代思想，为本土原创学术的发展提供丰富的文化滋养，为推动中国现代学术和现代化进程做出了突出的贡献。

为纪念商务印书馆成立120周年，我们整体推出“汉译世界学术名著丛书”120年纪念版的珍藏本，寄望既利于文化积累，又便于研读查考，同时向长期支持丛书出版的译者、编者和读者致以敬意。

两甲子后的今天，商务印书馆又站在了一个新的历史时间节点上。我们不仅要铭记先辈的身影和足迹，更须让我们的步伐充满新的时代精神。这是商务人代代相传的事业，更是与国家和民族的命运始终紧密相连的事业。我们责无旁贷，必须做好我们这代人的传承与创造，让我们的努力和成果不仅凝聚成民族文化的记忆，还能成为后来人可以接续的事业。唯此，才能不负前贤，无愧来者。

商务印书馆编辑部

2017年10月

目　录

导　　言

约瑟夫·马西的生活经历同18世纪中叶英国其他著名经济学著作家——范德林特、哈里斯——的生活经历一样，都湮没无闻了，使人感到很沮丧[①]。我们只知道1750—1765年期间他的著述很多，以及他去世的时间，后者见于《绅士杂志》[②]的一条短讯："约瑟夫·马西先生于(1784年)11月去世。此人在霍尔伯恩以其政治著作而闻名。"他的一些小册子是以表示敬意的方式呈献给那个时期的政治家的，这表明，他是寻求照顾的小册子作者，而不是超然的哲学家，[③]这一印象也为当代经济学文献很少提及他的著作和观点所证实。

事实上，马西是作为目录学家而不是著作家在经济思想史上占有显赫地位的。他"花费12年多时间收集的1500多本有关商业、硬币和大不列颠殖民地的书籍和小册子"——虽然他"住在伦敦，但抽不出时间和金钱来加以扩充"[④]——于1760年被出售，此

① "令人惊奇的是，这位杰出的小册子作者的个人经历竟鲜为人知。"(《注释和质疑》，1866年2月10日；丛刊第3辑，第9卷，第119页。)

② 1784年，第2卷，第876页。

③ 笔者拥有的马西的那本《评福基尔先生的论文》(伦敦，1756年)，就是呈献给汤申德勋爵的。

④ 马西：《关于作为国家事业的商业知识的陈述》(伦敦，1760年)，第1、14页。

后便散失或被密藏，具体情况如何，我们都不得而知。唯一的线索是马西本人的一个简短记录[①]："1760 年 11 月，全部藏书除以下五种外均售出，即：复本、图表、法令摘要、单一的条例和论文。"

但是，马西热诚地编制一种极好的文献目录为他立下了一个丰碑，这份目录在他卖掉实际藏书以后还在修订和扩充，到 1764 年 12 月，这一"按照字母顺序和年月顺序编排的商业著作和小册子索引"[②]并已增加到 2377 条，在亚当·斯密以前，它一直是英国经济文献最有益的指南。

然而，马西在经济著作方面的志趣不仅是充当目录学家或收藏家。如果说不是从开始时就存在，那也是很快就发展到想利用他所收集的资料来撰写以下两本书，即《大不列颠商业史》和《以实际应用来说明的商业原理》。1760 年马西向财政部专员和国库督察说明了为什么需要编写这两本书，并为此谋求公职。[③] 建议似乎未被理睬，但提出这个建议的呈文仍然具有意义，它说明了一种现实需要，并鲜明地提出了这样一种早期看法，即经济学原理必须以经济归纳为依据。

马西利用其未获得充分发挥的能力，在 1750—1764 年间逐年撰写出一系列小册子和论文，广泛论述了具有社会和经济意义的现实问题。[④] 现在重印的这本小册子是这些小册子中写得最早也

① 依据贴在《索引》原稿上的一张纸条；见下注。

② 大英博物馆，兰斯当 1049；标题为《马西的商业小册子目录》。

③ 《关于商业知识的陈述》，第 25 页。

④ 要得到表面看来比较完备的目录，可查阅帕尔格雷夫：《政治经济学辞典》，马西条。

是最重要的一本。它比他的其他任何小册子更多地论及经济学原理，标志着紧迫的现实问题使他成为小册子作者以前，他思想演变过程的一个阶段。无论自罗雪尔[①]生活的年代起许多评论家就其反驳利息率与货币数量具有直接联系（两年以后休谟更为直率地批驳了这个观点，但并不更为有力）给予的盛誉是否适当，马西的这本小册子确实称得上是斯密以前有关利润的论述中的重要部分，因而，无论是信奉教条的历史学家还是理论经济学家都不可完全忽视它的内容。

本版是1750年印行的马西论文的再版本。[②] 书中保存了扉页的一般面貌，标明了原书页码，并加了几个注释。

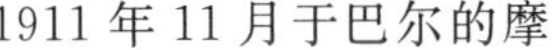

1911年11月于巴尔的摩

① 《政治经济学原理》（英译本，纽约，1878年），第1卷，第150页注。

② 原版的页码如下：扉页，11，绪言，〔iii〕—iv. 5—62，8°。这本小册子早在1758年就已绝版（马西：《关于育婴堂的进一步观察》，伦敦，1758年）。

绪　言

探讨为人们普遍接受和早已确立的观点，始终是一项肯定会遭到反对和指责的工作，因为不仅是提出这些观点的人，而且许多赞同这些观点的人，都很可能认为他们本身会因此受到伤害。

由于这一原因，加上洛克先生具有极其卓越的才能以及确实巨大的声望，使我在他去世以后很久仍不愿对他所著述的任何部分表示异议；但是，因为这是人们普遍关心的一个问题，愈仔细考察愈好，所以我希望，曾经赞成洛克先生有关利息的论述的那些人，不会反对我写的东西，除非他们具有更重要的理由，而不是仅仅因为我的意见同洛克先生的意见不一致；我自以为，对世上正直的人来说，我所写的东西不会被看作对他死后的名声缺乏敬意，因为很少有人（如果有的话）对洛克先生的尊崇能够超过我；而且，虽然我不能在每一点上同意他的看法，可是我认为，他有关硬币和商业的论述绝大部分是无可辩驳的。

熟悉洛克先生著作的每一个人一定深信，他是一个非常热爱真理的人，不会反对探讨他写的任何东西，因而我希望，谁都不会认为我擅自评论他的著述（如果他还活着，他当会容许这样做）是不适当的，因为我只是力图利用它弄清决定利息率的是什么，而在目前，这对有意在这方面使用他们的推理能力的那些人来说，也许在某种程度上是有用的，或合乎心意的。

论决定自然利息率的原因及其他

在威廉·配第爵士和洛克先生说明了何者决定利息率以后，对这个问题的进一步考察或许都被认为并无必要；情况是否确是如此，对此我不打算发表意见，而想让每一个人先读完我对这两位先生的观点发表的看法，然后再自行作出判断。这些观点我已收录于此，每当我需要提到它们时，我将提及引文前的数字。

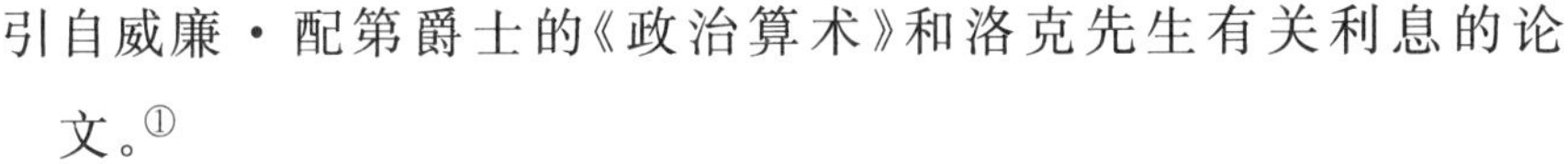

引自威廉·配第爵士的《政治算术》和洛克先生有关利息的论文。[①]

引自威廉·配第爵士的《政治算术》，第三版，印行于1699年。[②]

1."贷款的利息，在50年前每百镑为10镑，40年前降为8镑，现在则跌至6镑。[③] 但是，利息的降低却不是任何为这个目的而制定的法律所造成的，现在只要有有力的担保，便能借到利息更低的贷款，因为利息的自然降低是由于货币增加的结果。"[④]

---

① 这里引用的一些段落有一些词语上的小错误以及标点符号、大写字母和分段上的许多不准确之处。

② 《有关政治算术的几篇论文：其题目见随后几页》(伦敦，1699年)。

③ 利息在公元1623年根据法律由10%降低到8%，1660年又由8%降低到6%。

④ 《配第经济著作选集》，商务印书馆，1981年版，第76页。——译者

引自洛克先生有关利息的论文。①

2.“我说的自然利率，是指在货币平均分布的条件下，现在的货币缺乏情况所自然决定的利率”。②

3.“我认为货币的自然利息是由于两种情况而提高的。第一，一个国家的货币太少，与其居民彼此间的债务不相适应。假设1万镑就足以经营百慕大的贸易，再假定最初去那里的10个移民带去了两万镑，并把这些钱借给那里的一些商人和居民；这些人过着超过他们的收入的生活，用掉了其中1万镑，使这笔钱离开了这个岛。显然，如果债权人一齐收回他们的放款，商人不得不把用在贸易上的钱拿来还债，货币就要大感缺乏；否则债务人需钱，只好听从债权人支配，利率就将提高。但是，除非在很大的普遍危机中，所有或绝大部分债权人同时收回放款的事情是很少发生的，更常见到的情况倒是人们的债务增加得很多，这经常使借款者多于可能放款的人，结果货币缺乏，利率提高。

“第二种经常提高自然利息的情况是：货币太少，与全国贸易情况不相适应。因为在贸易中，每个人都根据自己的情况而寻求货币，所以人们总会感到这种不相适应的情况。假定英国实有货币100万镑，而英国人负债总数只100万镑，则货币正好与债务相适应；但是如果贸易需要200万镑，那就缺

① 《论降低利息和提高货币价值的后果。致英国下院议员的一封信》(伦敦，1692年)。

② 《论降低利息和提高货币价值的后果》，商务印书馆，1982年版(下同)，第6页。——译者

少100万镑，货币的价格就会提高；这和市场上任何其他商品在不能满足半数买主的需要、每两个买主只有一个卖主的时候，其价格将会提高是一样的。”①

4. “这将有利于借钱的商人。因为如果他以4%的利率借款，而他所得的利润是12%，则他的纯利为8%，贷款人只得4%；但现在他们则是平分，各拿6%的。”②

5. “任何国家向邻国借钱都是为了贸易上的需要；谁也不会向外国人借钱闲置起来。”③

6. “因此，如果商人的利润比他所付的利息多(肯定是这样，否则他就不会进行贸易了)，……”④

7. “我们很难不认为要想经营任何国家的贸易，至少得有劳动者年工资的1/50、地主的年收入的1/4和经纪人*的年收入的1/20的现钱。我们说特殊低的情况吧，至少也不能少于上述数字的一半，也就是说现钱如少于劳动者年工资的1%、地主年收入的1/8和经纪人年收入的1/40，就不能推动贸易的齿轮，使商业处于有生气和繁荣的状态。任何国家的现钱如果少于这种比例，那么，缺少得越多，它的贸易由于缺钱而受到的损害和阻碍就必然越大。”⑤

8. “那时也许会发生这样的事：去年可以买1蒲式耳小

① 《论降低利息和提高货币价值的后果》，第7页。——译者
② 同上书，第9页。——译者
③ 同上书，第12页。——译者
④ 同上书，第13页。——译者
⑤ 同上书，第25—26页。——译者
* 贸易商。

麦的半盎司白银，今年只能买1/10蒲式耳小麦：去年可以买3蒲式耳燕麦的半盎司白银，今年仍能买1蒲式耳燕麦；同时去年能买15磅铅的半盎司白银，今年仍然能买同样数量的铅。所以在同一时期，白银对小麦说，就只值它过去价值的1/10；对燕麦说，值它过去价值的1/3；而对铅来说，则和过去价值仍然相等。

"所以利息的降低或提高，既不能直接使英国的土地、货币或者任何商品比过去增加或减少，也就完全没有改变货币相对于商品而言的价值。因为这种价值的尺度只是数量和销路，而它们是不会因利息的改变而立即改变的。只有在利息的改变在贸易中影响了货币或商品的进口或出口，从而使它们在英国的比例与过去不同时，利息的改变才和能够促进或阻碍贸易的其他一切事物一样，可能改变货币相对于商品而言的价值。"①

9. "第一，土地的价值在于它能经常生产可销售的商品，从而每年带来一定的收入。第二，商品的价值在于它们作为可携带和有用的东西，可以通过消费或交换而提供生活的必需品或享用品。第三，货币有与上述二者相当的双重价值。首先，它可以通过它的利息而对我们提供一种年收入，在这一方面，它具有土地的性质（土地的收入称为地租，而货币的收入称为利息）。"②"其次，货币通过交换，可以使我们得到生活

① 《论降低利息和提高货币价值的后果》，第29—30页。——译者

② 同上书，第30页。——译者

的必需品或享用品，所以它有一种价值。”①

10. “因此，在买卖中货币和其他商品居于完全相同的地位，并且服从完全相同的价值法则。现在让我们看一看货币如何由于产生一定的年收入（我们称之为利息）而具有与土地相同的性质。土地天然地能产生出一些对人类有益的新东西，而货币是一种不生不长、不能产生任何东西的物品。但是它却能通过契约把一个人的劳动的报酬转移到另一个人的口袋中去。造成这种情况的原因是货币的分配不均等；分配不均等对土地的影响和对货币的影响是一样的。如果我手中的货币多于我能或愿意用来进行买卖的货币，我就能把它借出去；如果另外一个人需要在贸易中使用更多的货币，他就愿意借钱。但是，他为什么要支付利息呢？其理由和借地人为租用你的土地而付给你地租是一样的。正如土地分配不均（你所有的土地比你能够或愿意耕种的多，而别人不够用）使别人租用你的土地一样，货币分配不均（我所有的货币比我能够或愿意使用的多，而别人不够用）使别人借用我的货币。因此，我的货币在贸易中由于借款人的勤劳，可以为他产生出6%以上的收益，正像你的土地由于租地人的劳动可以产生出大于他所付地租的成果一样。所以货币正和土地一样，应该得到一种年租金作为报酬。”②

11. “假定小麦的数量相对于其销路而言没有改变，那

① 《论降低利息和提高货币价值的后果》，第32页。——译者

② 同上书，第33—34页。——译者

么，造成小麦价格改变的只能是国内货币数量的改变。如果你改变任何一面的数量或销路，你就立刻改变了价格；可是世界上任何其他方法都改变不了价格。”①

12. “提高货币的自然利息的因素和提高地租的因素是一样的，就是说，它要能够每年为使用它的人带来更多的所付租金以外的剩余收入，来作为他的劳动的报酬。在土地上造成这一情况的，是土地产品的数量加多，而其销路不变，或其数量不变而销路加多。但是那使借钱者利润增加的因素，是货币数量与贸易相比即与一切商品的总销路相比减少了，或后者与前者相比增加了。

“由于货币能够通过利息产生出这种年收入，它的自然价值就取决于和全国贸易总量（即一切商品的总销路）成比例的全国当时流通的货币总量。但是在和任何一种商品交换时，货币的自然价值是与这一商品及其销路成比例的国内贸易货币中用于购买这一商品的数量。因为虽然某一个人的需要或需求（不论是对货币或任何一种商品的需要或需求），可以使他为得到货币（或那一他所需的商品）而付出较高代价，但这只不过是一个特殊事例，它并不能改变这一固定的和普遍的规律。”②

13. “假设把小麦作为一个固定尺度，就是说和其销路成比例的小麦数量经常不变，我们将发现货币也和其他一切商

① 《论降低利息和提高货币价值的后果》，第 38 页。——译者

② 同上书，第 43—44 页。——译者

品一样，其价值可以发生同样的各种改变。英国的小麦的确是最近于一个固定的尺度，这要把亨利七世时代的和现在的小麦与其他商品、货币和土地年收入对比一下，就可明显地看出了。假使在亨利七世的第一年时，某人对某甲以每年每英亩六便士地租租出100英亩土地，对某乙以每年每英亩1蒲式耳小麦地租（那时1蒲式耳小麦大概卖6便士左右）租出100英亩土壤和年价值都和上一片土地相同的土地，那么地租就是相同的。所以，如果这些租约是对未来年代有效的，那么过去每英亩只出6便士的人，现在要付年租金50先令，而那个每英亩付1蒲式耳小麦的人现在将付年租金25镑左右；后一数字接近于土地的年价值，如果这片土地现在出租的话。其所以如此，是今天世界上的白银是那时的10倍（西印度群岛的发现使白银丰富了），所以白银现在只值那时的1/10；这就是说，白银现在和产量对销路之比与200年前相同的任何商品交换时，都只能交换当年数量的1/10；而在一切商品中，不改变这种比例的以小麦的可能性为最大，因为在英国和在世界上这一部分地方，小麦是最普通的经常食物，不随风尚而改变；它不是由于偶然而生长出来的，而是取决于农民播种的多少，而农民又精打细算，在扣除上年的剩余以备来年之用以后，要使产量尽可能与消费量相适应，或使消费量与产量相适应。尽管某一年年成好坏可能使小麦的产量与上一年或下一年大不相同，可是如果把7年或20年合在一起看，它的产量是比任何其他东西都更能与其消费量相适应的（人们研究和确定小麦消费量比研究任何商品的消费量都更为精确）。所以世界这一部分的小麦(或任何其他国家的主食谷物)是在较长时间内衡量商品价值改变的最适当尺度。”①

14.“假设英国和荷兰之间的贸易差额相等,但是荷兰的货币比英国的多(从荷兰的自然利率低和英国自然利率高可以看出这点,从荷兰的一般食物和劳动力价格昂贵和英国价格便宜也可以看出这点)。”②

15.“富裕的人不会把他的土地变成现钱以图获得更大的利益,这种例子太少见了,所以在考虑卖地者的人数时,可以不去考虑它。

“我认为在伊丽莎白年代里(那时谨慎、节俭和勤劳使得英国的财富与日俱增),土地之所以能保持它的价格,并能按高于货币利息的年收益折算售价,原因就在于此,而且那时兴隆的商业需款孔殷,使自然利息比现在的高得多,而议会以法律规定的利率也高些。”③

16.“有些人认为高利率对贸易不利,但是如果我们回顾一下,就会发现英国从来没有像伊丽莎白、詹姆斯一世和查理一世时代那样繁荣,流入英国的财富也从来没有那时那样多,而那时的利率是10%和8%。我不预备说这些情况是由利率造成的。我却认为我们企业的繁荣造成了高利率。因为那时每一个人都极力想得到货币以便把它用到有

① 《论降低利息和提高货币价值的后果》,第44—45页。——译者

② 同上书,第49页。——译者

③ 同上书,第51页。——译者

利的商业中去。”[1]

17.“的确，如果我们的货币非常多，每个人在贸易中能用多少就能以4%的利率借到多少；不，哪怕是人们能用多少就能以6%的利率借到多少，那么，我承认这对于英国是好事情，我很希望能够如此。但是即使在利率为6%时，借钱的人已经远远多于放款的人了。”[2]

从这些引文中可以看到，洛克先生认为，自然利息率一方面决定于一国货币量同一国居民相互间的债务之比，另一方面决定于一国货币量同一国商业之比；威廉·配第爵士则认为，自然利息率只决定于一国货币量；因此，他们只在债务这一点上有不同意见；因为他们有关货币的表述虽有差别，但其含义显然相同。

洛克先生也提及商业利润具有提高利息的作用，因为引文16中，他用商业利润来说明伊丽莎白女王在位时代的高利率；但是另一方面，他又提出它们决定于货币量同商业之比，因为(引文12)他说，“那使借钱者利润增加的因素，是货币数量与贸易相比即与一切商品的总销路相比减少了，或后者与前者相比增加了”。由此可见，他认为，货币同商业之比不仅决定利息，而且也决定商业利润。

上述这些就是那些先生的观点，而这些观点我本来也会持有，即使从一些经验看来它们不一定符合实际情况；但是，当我发现洛克先生有关债务比例的论点与应当与其一致的事实相抵触，并发

① 《论降低利息和提高货币价值的后果》，第64页。——译者

② 同上书，第74页。——译者

现，就货币比例而言，其主要论点与洛克先生本人作为最合适的经验提示的那种经验相矛盾时，我的意见就不得不同这些论点发生分歧。

论债务比例

“我认为货币的自然利息是由于两种情况而提高的。第一，一个国家的货币太少，与其居民彼此间的债务不相适应。”

（引文 3）

如果债务像洛克先生所认为的那样，对自然利息具有如此重大的影响，人们就可以合理地料想现在的自然利息率会比 150 年以前高一半以上；因为如果那时这一岛国的居民彼此负有的债务是利息率高达每年 10％的主要原因，则其后在这一方面发生的变化（私事和公务一样）应当是致使自然利息率高于而不是低于那一利息率的原因。

目前私人的奢侈和浪费远比过去普遍；而它们不可能在债务不增加的情况下增长；而且就公债而言，国家的状况比 150 年以前更糟，几乎不可相提并论；因为当时国库岁入通常能支付日常费用，而现在，也是许多年以来，由于频繁抵押，政府所欠的债至少比人们一直料想在任一时期可以支付的国内硬币多一倍；不容置疑，这笔债的较大部分是欠本国居民的；因而，就现在的利息率而言，如果可以由这一时期的公私债务同我们祖先的这些债务的对比作出某种推断，那么，按照洛克先生的法则，利息率应当高于 150 年以前。如下推测似乎并不过分，即这样的债务负担必然会使利息率上升到 20%,而任何人都没有理由可以设想利息率会低于 15%,这种利息率是许多年来人们所支付的利息的整整三倍,这充分表明,在相当长的一段时间内人们相互间的债务同他们居住的那个国家的利息率具有多么少的关系。即使在较狭窄的意义上理解这个观点,也不会有多大不同;因为我们可以看到,尽管 1740 年以后国债已由 4500 万镑增加到 7800 万镑(根据最近出版的一本题为《论降低土地税》[①]的小册子中刊载的情况),但一般地说,私人之间通行的利息率现今和那个时期大致相同。确实,对政府来说,现在的利息率比 10 年以前要高一些,其原因我将在讲到政府信用时尽力加以说明。这里我只想说,对私人来说,突然收集巨额货币肯定会使利息率上升,正像购买大量小麦会使小麦的价格上涨一样。到此为止,我赞同洛克先生的意见。但是,由上述可见,当引起这种上升的需求得到满足时,利息很快会回到它的自然利息率上来,因为货币在发生普遍危机或公众急需时所具有的价格,不能称为自然利息率,正如一个人在急需小麦时所同意支付的价格不能称为小麦的自然价格那样,因为此时卖主会利用买者的急需而索要高价,或者说,此时卖主不能求助于法律迫使买者支付这种高价。

有人也许会说,我通过引入公债,而对洛克先生的观点作了过多的引申;但是这种引申只是言辞上的,而不是事实上的;理由是,固然洛克先生所说的是"居民彼此间的债务",但政府欠国内私人的债务,或者更确切地说,一部分国民所欠其他国民的债,同人们

① 《论降低土地税》(伦敦,1749 年),第 31、51 页。

所能列举的任何债务一样，也是居民彼此间的债务，与其他债务的区别只不过是有很多人而不是一个人或几个人保证偿付这种债务。

至于洛克先生为支持他的见解而作出的假定，就债务在这方面的影响而言，恕我直言，我既不认为它是正确的，也不能赞同他据此所作的结论。

假设携带两万镑到百慕大岛去的10个最初的移民，不知道在这个岛经营商业需要多少货币，是很自然的；但是，当他们到达那里，发现他们所带来的货币比能够加以利用的货币多一倍时，他们会将其中的一半送回自己的母国，或者送到这些货币可以找到用途的另一殖民地或地方，这样想也同样是很自然的；因为哪里有这样的国家呢，它拥有1000万镑货币，在仅仅需要500万镑的时候，不像我们所知荷兰人和瑞士人所做的那样，将多余的货币借给外国人。或者说，哪里有这样的商人、移民、农场主或制造业者呢，他拥有2000镑而只有1000镑能够找到用途，但不将其余的1000镑借给他的一些邻人，或用它来购买某样东西。毫无疑问，我们不能认为，会有人（更不能认为会有许多人或全体国民）如此轻率地行事。

但是，如果这些移民竟然违背自己的利益，将两万镑全部留在这个岛上，那么，对他们来说，将它们全部贷出取息大概是不可能的，除非假定居民们缺乏通常的理解力，即虽然他只需要100镑，可是愿意支付200镑贷款的利息，而这是为了使两万镑全部在这个岛的人们中贷放所必须做到的。因此，洛克先生的假定的这一部分在任何地方都不可能是真实的；这同他本人在另一地方所说的也不一致，因为他说（引文5），“任何国家向邻国借钱都是为了贸易上的需要；谁也不会向外国人借钱闲置起来。”对此，也许还可以加上：谁也不会向邻人借钱闲置起来，因为借不借钱，不是取决于能够放款的那些人，不管是外国人还是本国人，而是取决于是否缺乏货币，即，当人们需要货币时，他们不仅乐于从能够贷款的外国人那里借取，而且在有必要时，也会向邻人借钱付息。

从洛克先生另一部分有关浪费的假定看不出他是指一切个人借款者的浪费，还是仅指他们当中较大部分人的浪费；实际上，了解它是在哪个意义上使用的也不是十分必要的，因为虽然后者由于是最合理的，因而是最有可能的，可是就结论来说，不管从前一种意义上来理解还是从后一种意义上来理解，它几乎是一样的。因此，我理所当然地认为，这是一种一般的浪费，而不是洛克先生所指的普遍浪费；那么，在这个意义上，让我们研究一下，由所假定的情况可以就利息率的变动合理地作出什么结论；所假定的情况是，前面提到的两万镑中的1万镑被过着入不敷出生活的借款人浪费掉了，而流失于岛外。

洛克先生说（引文3），“显然，如果债权人一齐收回他们的放款，商人不得不把用在贸易上的钱拿来还债，货币就要大感缺乏；否则债务人需钱，只好听从债权人支配，利率就将提高。”被要求还债的人会感到货币不足，这无疑是真实的；因而，对欠债200镑而仅有100镑可用来还债的一个人来说，货币当然是急需的，而将货币借给这种人会有高额报酬，也是很自然的。但仍有必要进行比这更好的论证来说明利息会提高；因为放款者在利息的名义下收取的那种报酬的一部分，在具有损失（贷款）危险的一切情况下，是一种风险报酬，而不是利用（贷款）的报酬；而由于在借款者奢侈浪费把一半借款挥霍掉的地方，存在着损失（贷款）的很大风险，因而这种借款者支付的很大一部分报酬，也就当然是一种风险报酬，而不是利用（贷款）的报酬。因此，将它称为利息，就像要将如下一种保险费称为利息一样不恰当，这种保险费是商人为给他的船只或商品保险以防海损或敌人侵犯而交给承保人的。所以，这里在高利息的名义下所隐藏的，实际上并不是利息，而是对利用和风险两者的共同报酬；它可以像称之为高利息一样恰当地称为高保险费，因为它既像前者又像后者。

因此，在上述情况下，如果要把这些浪费者为借款支付的报酬称为利息，并以之作为利息的标准，那就得先从中扣除放款者得到的风险报酬，然后才能这么做；而如果我们知道一个贵族凭借他的土地，或者一个声誉好的大商人或小商人凭借他的债券或票据（我选用这些作为靠个人实物担保决定利息率的标准）能够按什么利息率借钱，则我们就可以很容易地确定风险报酬，因为我们只需从其他的人所付的利息率中减去上述贵族、商人或制造业者所付的利息率，其余数就应当是风险的报酬；而如果对百慕大的居民所支付的报酬采取这一方法，我们就可以得出实际的利息率。

那么，假定 10 个最初的移民带到那里的两万镑原先是按每年 5％的利息率借给这个国家的商人和居民，而在要求还债，并发现这笔钱的一半已被挥霍掉而且流失于岛外时，就立即坚决要求所有那些把所借金额的一半或更多的钱已经挥霍掉的人加付 5％的报酬；这就可以说利息率已上升到 10％吗？当然不能这样说，不仅从已经说过的那些，而且从有声誉和精明的那部分居民仍能按那种利息率——即过去的5%——借到钱，都可以看到，情况显然相反。这是因为，如果人们的欠债多到他们所能偿还的金额的一倍，被认定为利息上升的原因，则这种上升无疑应当局限于这些挥霍者，而丝毫不会影响量入为出的并能偿还债务的其他一切人（虽然对他们的事务或许不无损害）。因而，挥霍者所支付的这种10%的高额报酬——按照洛克先生的说法，它全部被称为利息——实际上只有一半是利息，另一半是风险报酬或保险费，而不是利用（贷款）的报酬；从而，洛克先生所作出的在这种情况下利息将会提高的结论，肯定是错误的。

用这种人支付给借款的报酬来论证利息，不能说是正确的，因为这引入了不诚实或挥霍的因素，而在个人提供担保的情况下，通常是不会有不诚实或挥霍的。因为要在道义上和商业上具有偿还的确定性，就必须凭借个人担保借款，而在不诚实或挥霍之风盛行的地方不可能是这样，因此，或者是，在有关利息的所有考虑中，一切比由于人世沧桑而不可避免地会产生的风险更大的风险都必须被全部排除在外；或者是，偿付或不偿付的可能性在绝对的确定性程度上有多少差异，就必须认可在一个国家内同时存在或可能存在多少种利息率；因为按照使某一种程度的挥霍得以（在研究利息问题时）被考虑的同一法则，其他任何程度的挥霍也都应当被考虑在内；对所有的人来说，这样一种推论法之荒诞无稽是显而易见的。

在大不列颠，个人担保贷款的利息率现今约为5%，但是，如果在靠他们个人的担保借钱从事贸易而浪费掉其中一半的这种人当中，就贷款的利息率进行调查，就有理由相信，他们会说利息率

超过5%，或者更确切地说，谁也不愿把钱借给他们；二者必居其一，无论是哪一种情况，都可以说明，洛克先生所讲的情况同他所作的结论不能相容。

即使这样的人借不到钱(事实上他们多半也不能如愿)，也不应认为他们是在做力所不及的事情；从世人的一般行为来看，很明显，在借钱或长期保留他们过去所借款项的剩余部分方面，他们的际遇也会是这样；因为什么人会愿意凭个人担保借钱给某人，如果他知道这个人大肆挥霍，以致胡花掉以前借自另一人的款项的一半？或者什么债权人发现他所出借的款项的一半已由于一个借款者的挥霍而被滥用掉，还会以得到这个人可以付较高利息(如果法律不禁止收取高于5%的利息)的允诺来自我安慰，而不通过法律的帮助，把他仍有权取得的他的那一半贷款弄到手？情理和经验表明，既没有也不会有这种人；或者至少可以说，即使有这样的人，他们的人数也非常少，不能把他们的行为当作世人的一般行为来引证。

一国居民之间的许多借贷，不是货币匮乏或不足的结果，而是货币分配不均的结果；如果一国的财富集中在少数人的手里，就自然会产生许多借贷，因为财富的充裕诱引大多数人考虑舒适和享乐；为了实现这一切，他们不是自己使用自己的货币，而是把自己的货币借给别人去营利，让别人把这样得来的利润拿出一部分交给货币所有者。但是，如果一国的财富平均分配给许多人，以致国内很少有人能够靠把货币投入商业的办法来供养两个家庭，那么，就只能有很少的货币借贷了：如果两万镑属于一个人，它就会被贷出，因为它带来的利息足以供养一个家庭；如果两万镑属于10个

人，它就不会被贷出，因为它的利息不能供养 10 个家庭。

也许可以说，债务数额对利息率当会产生影响，因为在过去两次大战期间，政府几乎每年都为凭借财政收入借入的货币偿付较高的利息；我承认政府确实支付了较高的利息，但同时我不能认为，利息的增加是债务增多造成的，因为那样利息当会持续提高，直到债务偿清为止；它没有出现这种情况，而是在和平恢复后不久就又下降了。因此，我们有必要寻找债务数额以外的某种理由，来说明政府为什么要为借款偿付较高的利息，因为债务数额不能解释这个问题。

政府的信用同商人的信用是一样的，商人的信用随着其贸易的兴衰而升降：如果一个国家卷入一场大战，而战争看来很可能失败，或者胜败难以肯定，政府信用就会降低，有时甚至还低于一个贵族或商人，如同威廉国王统治时期和 1745 年的最近一次叛乱时的情况一样，当时政府为借款偿付的（利息）高于私人；其原因是很自然和明显的，那时政府信用的基础（即政府担保）不仅因为对外战争，而且因为国内叛乱而受到了削弱，因此，表面看来，富人在那时似乎认为政府担保不像私人担保那样可靠；不管他们的理解是否正确，都绝非问题所在；只要有钱可以出借的那些人当中有人这样认为，那就够了；而从觊觎王位者的叛乱幸而失败[①]以后政府可以以低于 1745 年的费用借款来看，很明显，许多人是这样想的，尽管同法国和西班牙的战争持续进行，国债也在增加。

如果我们从政府信用的这种低落出发，观察一下政府信用在

① 那个觊觎王位的年轻人是 1746 年 4 月 16 日在卡洛登被打败的。

社会安全和公认的政府都久远地脱离了一切明显危险的持久和平时期的情况，就会发现它远高于私人信用，如同过去它曾大大低于私人信用一样。于是，政府可以以低于贵族或商人的费用筹集到款项；这不仅是因为其担保更为可靠，而且在一定程度上是因为它比私人提供的担保更为广泛地为人们所了解。我国的全体居民和其他许多国家的居民知道，我国政府一直是守信用的，并且知道，他们借钱给我国政府，同借钱给其他任何国家一样安全（如果不是更安全）；而这一点，加上荷兰和其他一些国家的利息率较低，就是使我国政府在和平时期，甚至在战时的某一时候能够以比国内的私人所需花费者为少的费用——或者换句话说，以低于这个国家的自然利息率的利息率借到钱的原因。

我们就政府方面所作的说明，在某种程度上也适用于东印度公司，这家公司的信用很高，因而它能以比私商、土地贵族甚至政府所需花费者为少的费用借到钱；确实，它的债券借以发行[①]的条件对此所起的作用不小，因为这种债务被认为是附息现金，因而为银行家和其他许多富人提供了很大方便，这些人无法忍受或不愿其资金被这样使用，以致不能立即或在短时间内提取出来。缺乏这种方便会迫使这种人把大量硬币留在身边，闲置不用，或者很可能使他们不得不比现在更多地从事贸易，或比现在更愿意按较低的利息率把钱借给别人从事贸易；但在这里我不打算讨论这一问题。

---

① 东印度公司的债券可以凭（预先）6 个月的通知兑付，而且人们可以把该公司债券当作现金，用来购买该公司出售的货物，并可得到 6 个月的利息。

既然讲到政府借款，我就不能略而不谈政府守信用带来的好结果；我认为它至少把国家从毁灭中拯救了过来，因为很难想象，假如荷兰人和其他一些国家的人不能贷款给我们，威廉国王、安妮女王和现今国王陛下借来进行战争的好几百万镑怎么能够借到手，或者说，如果荷兰的利息不比我国的利息低得多，他们怎么能够按照国家采取适当措施就能予以偿还的条件得到借款。应当承认，这种借款无论对我国的商业多么不利，但对整个大不列颠还是十分有利的。毫无疑问，只要我国政府继续守信用，我国政府在发生紧急情况时就总能从外国人那里得到帮助，这是很值得考虑的；因为要是有公共需要，而国外对我国政府是否能够或愿意维持国家信用心存疑虑，政府就会不得不在国内大量举债，以进行对外战争；这就会使国家的各种事务产生混乱（我希望在这里永远看不到这种混乱），而在国内所借到的钱最终很可能满足不了需要。

让我们回到原来的题目上，我认为，由于前面提及的原因，政府在某一时期能以比法定利息率低 2％的利息率借到钱，而在另一时期则不得不支付比法定利息高 2％的利息，而与此同时土地贵族、商人或制造业者（自然利息是由这些人决定的）所付的利息却不比法定利息高 1％，也不比法定利息低 1％。就整个时期而言，许多人总是按同一种利息率付息，这种利息率要么是方才提到的那些利息率中的一种，要么是某种居中的利息率。因此，不能由政府在任一时期据以付息的利息率来恰当地对利息率作出任何推断，因为所推定的利息率常常与这里的自然利息率不相符而不是相一致。它们保持同一步调也是不可能的，因为一场可怕的叛乱或者使政府面临更迭危险的战争，会降低政府的信用，致使其低于私人的信用，特别是在巨额款项集中在少数人手里的时候。每个人只要思考一下这个问题，就会很自然地得出这样的结论，即除非人们的个人权利在某种程度上得到维护，否则政府就不能存在下去，除非他很积极地支持争端的失败一方，否则，无论政府发生什么变动或剧烈的变革，他的产业或财产都不会被取走，因而，假如他因为借钱给政府而冒有丧失财产的危险，他就会得到与此相应的、除他应得利息以外的风险报酬。相反，在和平时期，或者在没有进行危险的战争，而荷兰等国的利息又比国内低的时候，政府总是能够以低于本国自然利息率的利息率借到钱，只要国家信誉得到坚决的维护，国债也由于节俭地管理国库岁入而没有增加到无法清偿的限度，它们都是维护政府信用的要素。然而，不管迄今政府一直在国内外得到并且可以指望以后总是会得到同它的意图的正义性相当的一定程度的信任，但是信任总是会随着实现政府意图的难易程度而增减；因为贷款者在放款以前，不仅要弄清借款人是否诚实，而且还要弄清借款人是否有能力还债，而且在某种程度的风险显露出来的时候，必定会让借款人支付较高的利息，不论借款人的意图多么好；我倾向于认为，这一因素会使某些人不像10年前那么愿意按3%的利息借钱给政府，因为当时国债不到3000万镑。

我知道，有些人十分强调国债的偿还，并且说，如果国债得到清偿，通过将较多的货币投入贸易，会使利息大大低于现在；但是，如果我们少许思考一下这个问题，就会发现，国债的偿还十之八九会提高而不是降低利息率；也不会使较多的货币投入贸易，而会使已经投入贸易的全部或大部分货币流出国外；因为欠外国人的公债必须以铸币或金银块偿付，这种铸币或金银块必须由英国或者对我国负有债务的其他一些国家运送，除此以外，别无他法。

假定欠荷兰、瑞士等国的 2000 万镑国债必须在 20 年内偿还；这不会使较多的货币投入贸易，而只会从贸易中取走那么多货币，因为没有多少理由可以认为，总贸易差额能够弥补货币的不足，特别是在每年要输出的这 100 万镑上加上尚未清偿的那部分债务的利息（这笔钱也要送到国外）的时候，因此，如果说利息在某种程度上依用于贸易的货币数量而定的话，那么，在外国人借给这个国家的钱全部偿还以前，由于国债减少，利息必然提高而不是降低。

我也想不出有什么理由可以认为，这部分公债得到清偿以后，欠大不列颠人的另一部分公债的偿还，会使利息率有所降低；因为偿还国内的公债不能在国内原有的货币以外增加投入贸易的货币，而属于国家并且打算如此使用的一切货币都早已进入贸易。确实，如果国内有金银矿，政府可以从那里随意提取一定数量的金银来偿还国债，则国债的清偿无疑会使较多的货币投入贸易；但是，因为政府既没有这种矿山，除了靠赋税，以及向国内的土地、生产或消费的商品征税以外，也没有任何其他获得货币的方法，因此，我不明白偿还国债怎么能够使较多的货币投入贸易。

除通过征税筹集到公共开支所需费用以外的资金，没有别的方法可以偿还这种债务。那么，假定国家的状况容许每年超过当时所需的费用筹集 100 万镑，并假定这样筹集的这 100 万镑可以用来偿还国债，由此会对用于贸易的货币数量产生什么影响呢？其数量既不增加，也不减少，而会和过去恰好相同。债务得到偿还的人们很快会将他们的货币借给别人进行贸易，或者自己用来从事贸易;因为支付这100万镑货币所能造成的全部差别,是从事贸易的人手的变化,这笔钱不征收进来因而也不支付出去,国家的贸易就会依然由原先的那些人进行;但是它一经支付,就会导致过去不从事贸易的一些人参加贸易;而且这些人在贸易中会有机会利用他们的货币,而不会使原先一直从事贸易的那些人失去生计;由于不可能用同以前一样的方式在贸易中重新分配这笔钱,因此,债务得到偿还的人们当中有一些人会不知道该怎样处置他们的货币;特别是那些除放款取息外没有别的谋生手段的寡妇和没有父亲的孩子,不得不寻求私人担保,从而冒一切托庇于特定人们的正直和谨慎的危险,所以,我们热切希望在偿还国债时能为社会上这部分孤弱的人找到某种较好的担保。

根据商人增多这一点,有人会认为,偿还公债会降低利息率,虽然偿还公债不会使较多的货币投入贸易;但是,我们只要想一想税收的减少会使本国的商品和劳动比现在低廉多少,因而国外对它们的需求会比现在增加多少,就几乎没有理由担心利息率会下降;相反,国家贸易规模的扩大若超过偿还国债增加的商人所能承受的程度,反而会提高利息率。

根据政府为所借货币支付的利息率来推断自然利息率的任何尝试,都是必然要失败的。经验表明,这两种利息率彼此既不一致,又不保持一定的关系;理性告诉我们,它们绝不可能是这样,因为自然利息率是以利润为基础,而国债的利息率是以需要为基础,利润有界限,而需要没有界限。借货币去改良自己土地的贵族,借货币去经营企业的商人或工业家,都有他们不能超越的一定界限:如果他们用借来的货币能赚得10%的利润,他们可以为所借货币付给放债人5%；但是他们不会付给10%；相反，如果谁由于有迫切需要而借债，那就一切只取决于他的需要的程度，而需要是不承认任何戒律的。只要需要占优势，规律就不会起决定作用，因为如果规律能起决定作用的话，政府就绝不会超越为私人规定的戒律；无论是政府的需要还是私人的需要，都是没有规律的。

由上所述，我认为，很明显，公债和私债都没有提高也不能提高自然利息率。以下要考察的一个问题是，货币同贸易之比是否决定利息。但在这之前，我不能不谈到这样一点，即，虽然洛克先生把债务看做决定利息率的主要原因，然而他又凭借货币缺乏来说明利息率的提高，而按照他的观点，这应当只是由债务数量引起的；因为他说(引文3)："但是，除非在很大的普遍危机中，所有或绝大部分债权人同时收回放款的事情是很少发生的，更常见到的情况倒是人们的债务增加得很多，这经常使借款者多于可能放款的人，结果货币缺乏，利率提高。"如果债务对利息率具有像他所认为的那样大的影响，那么，有什么必然要引入货币短缺来加以援手？或者说，如果导致利息率提高的是货币短缺，而债务除对货币短缺的发生起促进作用以外，同利息率的提高别无牵连，那么，为什么要把不是提高利息率要素的债务看做这种要素？债务在这个场合并不是主要的，因为在债务毫未增加的情况下货币短缺同样可能发生；众所周知，大不列颠和荷兰所欠的债多于它们可用以偿债的货币，然而这两个国家都不缺货币；而且，过去的经验充分表明，同法国进行自由贸易会在国内引起货币短缺，但不会导致债务增加(至少在这个场合不会有很大增加)；因为法国人会尽力使我

国从他们那里取走的一切得到偿付，就像我国的每一个人会千方百计使邻人从他那里购买的东西得到偿付一样，从而致使两国之间似乎不存在这种自由贸易；因此，一国的债务数量不可能是决定利息的根本原因；即使按照洛克先生的说法，债务数量可以通过造成货币短缺提高利息率，那也是因为哪里债务多货币就可能多，哪里债务少货币就可能少，因而在这两种情况下利息率都会或高或低。

我还认为，即使洛克先生的观点是正确的，他所假设的百慕大岛的货币短缺，也不容许得出他所作的那种推断。因为纵然那里会真的短缺货币，我们也不应当将一种特殊的短缺误认为普遍的短缺；因为在仅有一些借款人缺乏付给债权人的货币同各种各样的人普遍缺乏货币（即不仅借款人缺乏货币，而且非借款人也缺乏货币）之间存在着巨大的差别。

第一种短缺可以在存在着借贷的一切国家和一切时代看到。因为人们直到需要货币时才借钱，因而，如果他们所借货币又突然被要求偿还，他们就必定会在偿债时感到缺乏货币；由于还债，他们的事务将再度陷入混乱和困厄之中；利用所借的货币可以使他们及时地从这种混乱和困厄中解脱出来；或者他们会遇到种种困难，这些困难他们如果没有借过钱，是绝不会遇到的；因而，借款者在突然被要求还债时感到的货币短缺，并不能认为是某个时候的利息率高于另一个时候的原因。

第二种短缺是唯一可以恰当地如此称呼的一种短缺；因为我们不能仅仅由于英国有一些奢侈浪费的借款者，对于他们来说，货币是一种短缺的商品，就说英国缺乏货币；同样，我们也不能仅仅由于一些人奢侈浪费而没有面包吃，就说丰年缺乏小麦；可是，洛克先生所说的会使利息率提高的短缺，正是这种短缺；因为他假定，在前述的百慕大的事例中，留在岛上的1万镑足以经营这个岛的贸易，因而只有那些奢侈浪费的借款者缺乏货币。

收回这1万镑的移民们用什么方法才能引起会提高利息率（假定它取决于货币数量）的货币短缺，我很难确定；因为收回货币的人们不会让货币闲置起来，而会再把货币借给别人，或者自己用来经营贸易；这些移民必然会做这两件事情中的一件；因而岛上流通的货币数量在货币收回以后同收回以前一样多；不管借到货币的人是彼得和詹姆斯，还是理查德和托马斯，或者那10个移民自己在贸易中使用绝大部分货币，对利息率来说都无关宏旨；事实上，不是从彼得和詹姆斯手里收回货币，又把它放到理查德和托马斯的手里，或者从一个借款者那里取走货币，又把它还给一个贷款者，而是把货币从流通过程中取出，或者把它带出国外，才会造成货币短缺。

论货币数量

“利息的自然降低是由于货币增加的结果。”（引文1）

“第二种经常提高自然利息的情况是：货币太少，与全国贸易情况不相适应。”（引文3）

“由于货币能够通过利息产生出这种年收入，它的自然价值就取决于和全国贸易总量（即一切商品的总销路）成比例的全国当时流通的货币总量。”（引文12）

由于这些观点中的第二种除包含在第三种当中的内容以外没有别的意思，所有这三种观点可以只当作一种观点来考察；但是，由于洛克先生提出了一国需要有能同它的贸易成一定比例的货币，因而我认为有必要分别考察这个问题。因为虽然可以说他规定了这个比例，但即使如此，我相信也没有人能由此知道多少货币足以经营这个国家或任何其他国家的贸易；因为按照他所提出的如下法则(引文 7)，不论 200 万镑、400 万镑、800 万镑还是 1600 万镑，都一样可以很好地做到这一点。

我们很难不认为要想经营任何国家的贸易，至少得有劳动者年工资的 1/50、地主的年收入的 1/4 和经纪人的年收入的 1/20 的现钱；至少也不能少于上述数字的一半，否则就不能推动贸易的齿轮，使商业处于有生气和繁荣的状态，任何国家的现钱如果少于这种比例，那么，缺少得越多，它的贸易由于缺钱而受到的损害和阻碍就必然越大。

这些计算中的哪一种更接近真理，我不想加以推定，因为洛克先生本人也没有这样做，这也不是很重要的，但是，当必须决定其中一种的时候，我将选取前一种。

洛克先生的法则说，我们很难不认为要想经营任何国家的贸易，至少得有劳动者年工资的 1/50、地主的年收入的 1/4 和经纪人的年收入的 1/20 的现钱；而由此作出的推断是，任何国家的现钱如果少于这种比例，那么，缺少得越多，它的贸易由于缺钱而受到的损害和阻碍就必然越大。

我倒想知道，劳动者的年工资的 1/50、地主的年收入的 1/4 和经纪人的年收入的 1/20 是多少；因为他们合计成的货币量，必须是固定不变的金额，否则就不可能据以知道多少货币可以经营任何国家的贸易；因为如果它们像所有的人都知道的那样变动，则由它们决定的货币的比例也会变动；因而洛克先生的法则不能使人们知道多少货币可以满足贸易的需要。

劳动者的工资的1/50可能在一个时候是1先令3便士，在另一个时候是2先令6便士，在第三个时候是5先令，而在第四个时候是10先令，地主和经纪人的收入也是这样；按照弗利特伍德主教在《珍贵的编年史》[①]一书中的记述，我国各个时期的情况正是如此，或接近于此；因此，如果我们按照洛克先生的法则，研究一下多少货币足以经营大不列颠的贸易，其答案当为，或者是200万镑、400万镑、800万镑货币，或者是1600万镑货币；假定当劳动者的工资的1/50是1先令3便士的时候，国内流通的货币为200万镑，并假定国民人数和贸易额在不同时期都相同，那么，他应当同我一样同意这个答案，虽然事实不是这样。

一国的货币和贸易之间的均衡和不均衡，都是我们可以谈论的问题，但是议论这些没有多大意义：因为货币作为一种可以交换的商品，它的价值随同它的数量的变动而增减，当货币充裕的时候，较多的货币在劳动者的工资、地主的年收入的支付或经纪人的交易上将无所作为，而当货币短缺的时候，较少的货币也能应付；因而很难断定均衡在哪里终止，或不均衡在哪里开始。

如果金银可以被人吃或被人穿，则一定数量的金银就总是会

① 《珍贵的编年史，或，关于过去600年间英国的货币、谷物和其他商品的价格的记述，录自致牛津大学一个学生的一封信》（伦敦，1707年）。第2版出版于1745年。

被人们所需要；而假如其数量与所需数量不一致，就无可置疑地会出现不均衡；但是，金银既不能吃，也不能穿，作为货币（若充当货币，一定数量的金银是必不可少的）也没有多大用处；如今每蒲式耳小麦可以卖到4先令的农民以这一价格出售小麦获得的利益，不比生活在200年以前的农民以2先令的价格出售小麦得到的利益多（假定当时国内的货币很少，因而每蒲式耳只卖2先令），因为在那时，2先令在支付劳动者的工资、地租或者向一个人提供肉类、饮料或衣服方面可以做到的同现在4先令可以做到的一样。因此，因为现在流通的货币比200年以前多一倍，就说目前不缺乏用以进行国家贸易的货币，是没有充分根据的；或者因为200年以前流通的货币仅为现在的一半，就说那时缺乏货币，也是没有充分根据的。实际情况是，那时这个岛的居民以800万镑货币经营或可以经营的国内贸易，同现在这个岛的居民以1600万镑所能经营的一样；不这样说，就是否认货币作为一种可以交换的商品，它的价值是由它的数量决定的。

至于对外贸易，在这种研究中几乎没有必要求助于它；因为，按照威廉·配第爵士的叙述[①]，我国的对外贸易仅占整个贸易的1/6；因而，可以说，对国内贸易来说是正确的东西，对于整个贸易也适用，因为它符合于整个贸易中的最大部分；而且，通过调查可以看到，我国只用800万镑货币就可以经营比1600万镑经营的要多的对外贸易；谁不这样认为，他就或许具有同样多

① 《政治算术》（伦敦，1690年），第85、112—113页；载《经济学著作集》（赫尔编，剑桥，1899年），第1卷，第297、311页。

的理由可以认为，使我国的各种商品便宜一些，不会增加国外对它们的需求。

要研究的另一个问题是，一国的自然利息率是否取决于当时在国内流通的全部货币数量同该国的全部贸易的比例；或者，换句话说，一国的利息是否会而且必然按照该国流通的货币数量相对于该国的贸易来说减少或增加的程度而提高或降低；因为实际上这是洛克先生在如下一段话（引文 12）中谈到的，“但是那使借钱者利润增加的因素，是货币数量与贸易相比即与一切商品的总销路相比减少了，或后者与前者相比增加了。”而且他是把这一点作为固定的和普遍的规律提出来的，因为他在同一引文中说，“虽然某一个人对货币的需要或需求，可以使他为得到货币而付较高代价，但这只不过是一个特殊事例，它并不能改变这一固定的和普遍的规律。”

洛克先生用小麦的价格来推定一国的货币相对于该国的贸易来说是增加还是减少，我同意他的意见，认为这是最好的方法，这既是由于他列举出的一些原因（见引文 11 和引文 13），同时也是由于从他所处的时代起就开始显露的另一原因，即各种赋税显著增加，它们大大提高了一般商品的价格，但对小麦价格的影响却较少，对小麦不征收任何直接税，小麦的价格也没有受到对其他各种商品征收的赋税的多大影响；因而小麦的价格最适于表明，我国的货币数量对国家的贸易来说已变动到什么程度；因为其他商品都不能像小麦（它的价格由于赋税而产生的变动很小）那样普遍利用。但不幸的是，没有像我所希望的那样将那么多年的小麦价格收集起来。

弗利特伍德主教提供了仅仅连续 60 年的小麦的真实市场价格，这 60 年开始于 1646 年，而结束于 1705 年；固然他提供了那一时期以前大约 500 年间不同时期的小麦价格，但我相信，任何人看到其间存在的巨大间断或变动，都会推断它们对于论证目前的论题殊少帮助：其中只有一部分可以可靠地加以引用，用小麦的价格来表明当时货币的价值；这便是关于 1444 年和 1460 年间大约 10 年的资料，在这期间货币既不很缺乏，也不很充裕；虽然约克王室和兰开斯特王室当时处于战争状态，并且在时间上有若干间断，可是由于它们是仅有的一些资料，我认为还是可以计及。

我搜集到了刚过去的大约 20 年间的小麦价格；它不像我所希望的那样准确，但是它接近于事实；因此，我们虽然不能从这些资料中看到过去 300 年间货币价值方面发生的一切连续变动，却可以由此了解五个不同时期的货币价值，而这就足够了，因为人们所知道的英格兰的自然利息率的一切变动都是在这一期间发生的。

根据弗利特伍德主教的计算，在 1444 年和 1460 年之间的 10 年中，每夸脱小麦的价格平均为 6 先令 3 便士，当时这一金额的铸币的内在价值，按照马丁 · 福克斯先生的计算[①]，相当于我国现在的货币 12 先令 1 便士，在他的英国银币表中，他算定当时英镑的票面价值同目前英镑的票面价值之比为 1.937 比1.000。

① 《英国货币史》从 1066 年威廉征服英国起至现在；包括苏格兰的有关情况，从国王詹姆斯一世在位期间两个王国的合并开始。第 2 版，此版作了许多增补和改进，增添了有关金银币的一些表格以及 6 幅新的插图（伦敦，1745 年）。

从1646年开始到1665年结束的20年间每夸脱小麦的价格，按当时的铸币计算平均为2镑17先令$5\frac{4}{10}$便士，同我国目前的货币价值恰好相同；从伊丽莎白女王在位的第43年以来，英镑的票面价值没有发生变动。

从1666年开始到1685年为止的20年间的小麦价格，平均每夸脱2镑6先令$3\frac{3}{4}$便士。

从1686年到1705年的第三个20年间的小麦价格，平均每夸脱为2镑5先令$9\frac{3}{4}$便士。

而刚过去的20年间的小麦价格，平均每夸脱略低于1镑8先令6便士。

这些就是上述几个时期的小麦价格，我们根据它们可以取得国内流通的货币数量同国家的贸易之间的比例。

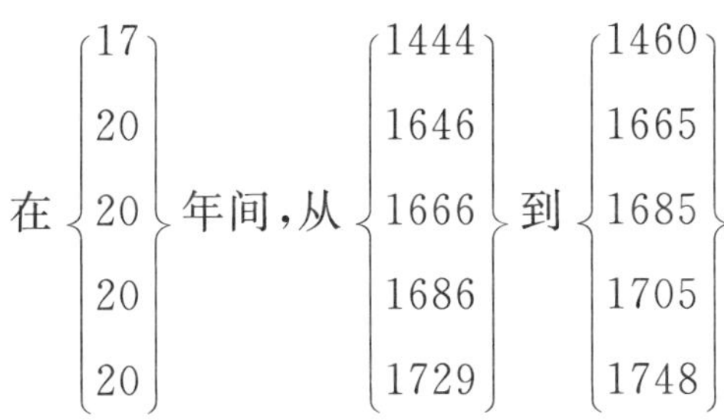

在	年间，从		到
	17	1444	1460
	20	1646	1665
	20	1666	1685
	20	1686	1705
	20	1729	1748

在这几个时期利息率在多大程度上符合洛克先生的法则，从下列的表中可以看得很清楚；我在表中列出了法定利息率，也列出了自然利息率，我假定自然利息率比法定利息率低1%，因为确切地确定自然利息率似乎是不可能的；即使在现在，私人支付的利息率之间的差别也非常大；而且过去有些时候的差别很可能更大，但有理由认为，由于许多人支付法定利息率（我指的是根据协议规定的利息率，而不是凭借法律力量规定的利息

率),这些差别被拉平了,因此,如果我们一般地理解自然利息率,1%的差别该是接近于实际情况,因为法定利息率是仿照自然利息率订立的。在这个表中,我还列出了假如自然利息真是依照货币数量与贸易额之比而提高或降低,则应该出现的自然利息率。同时,我认为有必要在这里提到一项研究的结果,我进行这项研究是为了弄清货币与贸易之比的下降(小麦价格的下跌表明了这种下降)是否可以用任何其他商品来证实,这种商品也是经常而普遍地被人使用,而且很少受赋税的影响。我发现大麦的价格可以证实这一点,大麦的价格在刚过去的100年间已经降低,并且下降的比例和小麦相同;这连同洛克先生所说的那些话,使我具有足够的理由可以认为,小麦价格的下降至少主要(如果不是完全)是由于货币流通量与贸易之比降低造成的;无论其他人多么不愿意相信这一点,我都认为没有理由表示怀疑;因为如果小麦在几百年间以每夸脱3先令、6先令、9先令和12先令的价格出售(我从未听到任何人对此提出质疑),是由于国内只有很少的货币,则小麦在100年以前以高于过去的价格出售,必定是由于那时货币相对于贸易而言有所增加的缘故;否则货币作为一种可以交换的商品,其价值便不由其数量来决定;我相信没有人会这样认为,没有人说小麦和大麦的情况是这样,因为过去的经验已经表明,数百年来,随着货币的增加,这些商品和其他商品的售价在不断提高;而且应当记住,就小麦的价值取决于劳动和生活费用来说,它现在就应该比100年以前高,因为从那时以来赋税和时尚也提高了劳动者与农民的生活费用,其幅度超过了货币数量使生活费用上升的幅度。

利息率和小麦价格表

货币作为一种可以交换的商品时的价值，或它同贸易的比例，由小麦的价格决定				各个时期的法定利息率	各个时期的自然利息率	如果在刚过去的20年间货币同贸易之比是自然利息率之所以是4%的原因，则按照洛克先生的法则，自然利息率应当发生如下的变动
平均价格的起讫年份	现在的货币价格					
	镑	先令	便士	不由法律确定的	假定约为10%	
1444 至 1460	0	12	1			9½
1646 至 1665	2	17	5$\frac{4}{10}$	8	7	2
1666 至 1685	2	6	3¾	6	5	2½
1686 至 1705	2	5	9¾	6	5	2½
1729 至 1748	1	8	6	5	4	4

由上表可见，如果在刚过去的20年间国内货币同贸易之间的比例是自然利息率之所以是4%的原因，那么，按照1666至1705年这40年间货币同贸易之间的比例，那一时期的自然利息率就应该只是2½%，而实际上却比这一数目大一倍；同一法则，1646年至1665年的自然利息率应该只是2%，而实际上自然利息率却是7%左右。1444年至1460年自然科息率应为9½%，距离假定的那一时期的自然利息率不超过0.5%，因为在亨利八世37年以前自然利息率从来不由法律调节，但是这并不能证明洛克先生的规则是正确的，即使我们承认10%或9½%的利息是那个时期的实际利息率，因为如果那时利息率与这个法则相一致是那时货币与贸易之比必然产生的结果，利息率就绝不会像其他时期的利息率那样背离这个法则，在那些时期，利息率既不与这个法则相一致，

也不同它保持任何形式的协调；而相反地在100年间逐年下降，其时货币同贸易的比例正在降低；现在的利息率非但不比100年以前高一倍，反而只是那时的大约一半，因此我认为，这无可争辩地证明了洛克先生的法则是错误的；如果他像论证货币作为一种可以交换的商品，它的价值取决于它的数量同贸易的比例那样，在他的论述中周详地论证他的法则，他就会发现，在他自己谈到的时期内货币和利息发生的变动同这一法则是抵触的，这个时期就是伊丽莎白女王在位时期和他写作期间；因为他说(引文16)，流入英国的财富从来没有像伊丽莎白、詹姆斯一世和查理一世时代那样多；这三个朝代末期的小麦价格证实了这一点，因为以前小麦从来没有卖这么多钱；他还谈到他写作的时代缺乏货币，而那时小麦的价格表明，那时国内的货币相对于贸易来说少于50年以前。

再者，在这一时期，自然利息率下降了2%，因此，如果洛克先生考虑到这些事实，并且把他的法则同它们相比较，他也会发现他的法则是不正确的。还有一个方法可以用来检验这个法则，这个方法会给人们提供很大的余地来怀疑洛克先生法则的真实性，这就是考察一下，假如利息率取决于货币同贸易的比例，那么前几百年的利息率应当是多少；因为如果使20年间平均每夸脱小麦卖2镑17先令5便士的货币，使自然利息率达到7%，那么，当每夸脱小麦卖1镑8先令8½便士的时候，自然利息率就应当是14%。当每夸脱小麦卖14先令4¼便士的时候，自然利息率应当是28%，当每夸脱小麦卖7先令2便士的时候，自然利息率应当是56%，而当每夸脱小麦卖3先令7便士的时候，自然利息率就应当是112%；在1066年威廉征服英国以后，小麦是以较低的价格出售的;可是任何人都无法想象有人会为借用100镑而一年偿付120镑的利息;或者利息率曾经高达56%或28%。

洛克先生是否会像我在这里做的那样应用这个法则,我不敢说,但是,我想不出有其他任何方法来应用这个法则,因为他说,利息率取决于流通的货币总量同贸易的比例;而如果这样,利息就应当随着这一比例的变化而变动;而利息如果发生变动,就应当像上面所说的那样同货币一起均等地变动;否则,如果这种变动是不均等的,我倒想知道,不均等到什么程度,又怎样查明,因为我目前看不出有任何理由可以相信利息的变动与货币是均等的或不均等的。不过这一点并不重要,因为经验已经表明,自然利息率既不与用于贸易的货币数量均等地或者不均等地变动,也毫不依存于一国的货币同该国居民彼此之间的债务的比例,因此,有必要找出除这些以外的其他一些法则来说明利息率,因为很明显,它们不决定利息率;而这就是现在我要努力去做的事情。

论决定自然利息率的原因

为了找出决定自然利息率的原因,我认为有必要研究一下支付利息的原因是什么,因为在我看来,在目前的情况下这是最自然和最可靠的研究方法,如果我们知道据以确定利息的根据,我们就能更好地断定决定自然利息率的是什么。

首先,关于支付利息的原因。由于任何商品的所有者像他对这一商品本身具有权利一样,对该商品所能提供的一切利益也无可置疑地具有同样的权利,因而毫无疑问,他将这些利益中的任何一种转让给任何人，这个人就对他负有义务，恰像这个所有者将这些利益由以产生的商品给了他一样；因为各种物品的价值仅仅在于它们有用处，凡由于利用或占有某一物品而受益的人，均可以恰当地说得到了它的部分价值，因此而从该物品所有者那里得到了好处。

所以，如果某人向其邻人借取 100 镑货币，为期一年，而在这一年期间，将这笔钱用于贸易或其他方面，他的邻人本可以而且他也可以在补偿由此产生的一切辛劳和风险之外获得 5 镑利润，那么，此人便欠他的邻人 105 镑，就像他实际上向邻人借了 105 镑，并在借到手以后又马上偿还那样；因为虽然在一种情况下他借了 105 镑，而在另一种情况下他只借了 100 镑，可是通过使用后一笔钱 1 年时间，他比应得的份额多挣了 5 镑，这实际上同他向邻人多借了 5 镑是一样的；因为这 5 镑是由于利用那 100 镑而挣得的，它同后者一样实际上属于他的邻人；因而不仅应偿还给邻人那 100 镑，而且那 5 镑也应偿还给邻人。

按照同一法则，如果彼得向詹姆斯借 100 夸脱小麦，为期一年，并将它用于贸易或其他方面，带来同上述一样的利益，那么到年底，他实际上就欠詹姆斯 105 夸脱小麦，就像另一个人欠他的邻人 105 镑，而这个人向他的邻人借的钱只有 100 镑那样；即使借主不可能靠借到的货币或小麦获得假定的利润，甚至完全不能靠它们得到任何利润，也不会使出借人对 105 镑货币或 105 夸脱小麦的要求权的合理性略有减少；因为出借人实际上有权要求得到这种利润，或者说，显而易见，按照他们的能力，他们至少可以靠这些商品获得 5%的纯利，因而有权要求借主为借用它们而作出这种

补偿，而借主如果得到超过5%的利润，既不会也不应当偿付比他们同意支付的数额更多的报酬，因而，尽管他们没有得到这么多的利润，他们也应当遵守协议。

以上就货币和小麦所作的表述，同样适用于通过消费、利用或占有能够给借主带来利润的其他一切商品；也适用于出于需要而借贷、没有任何牟利目的或意图的那些人；因为一个人需要货币或小麦供他挥霍，或者满足他目前的需要，并不能成为提供货币或小麦的人不为此收取利息的原因，正像并不能因此而不收回本金那样，因为出借人既有权收回本金，又有权索取利息，收取利息的合理性，不取决于借债人是否赚得利润，而取决于这些货币如果正确地加以使用，能够带来利润。因此，不难断定自然利息率直接取决于什么；因为，既然借债人为所借货币支付的利息，是所借货币能够带来的利润的一部分，那么，这个利息总是要由这个利润决定。

日常经验表明事实也是如此，因为每个人当他放债或借债的时候在内心产生的问题是，他靠所借出或借入的物品能够得到什么？如果能够得到很多东西，则理性会告诉他应当为利用该物品按较高的利息率收取或支付利息；如果能够得到的东西很少，他就应当只按较低的利息率收取或支付利息；而任何人这时悬而未决的问题可能是，在这个利润中，多大一部分归借债人，多大一部分归放债人才算合理呢？这一般地只有根据借贷双方的意见来决定。因为在这方面合理不合理，仅仅是大家同意的结果。洛克先生说(引文4)，他们平分这个利润，我相信，这是一般情况；如果是这样，则就利用所借物品产生的利润而言，合理的分配就应该是，放债人得到一半，而借债人得到另一半。

可是，这一条利润分配规则，并不是对每一个放债人和借债人都适用，而只是对放债人和借债人总的来说适用；因为一个人对自己的业务异常熟练，以致他靠100镑借款能够得到比同一行业中的其他人所获得的多一倍的利润，不能成为他应当为此比其他人多付一倍利息的理由，而另一个人很不了解自己的业务，以致不能得到一半以上的普通利润，也不能成为他应按一般利息率的一半支付利息的理由；特大的利润和特小的利润是对业务熟练和业务不熟练的报酬，这是同放债人绝无关系的；因为他们既不会因业务不熟练而吃亏，也不会因业务熟练而得利。

我们就同一营业中单个人所说的情况，也适用于各种不同的营业；如果某一个营业部门的商人与制造业者可以用他们借来的货币，获得比本国其他的商人和制造业者所获得的普通利润更多的利润，那么，这种额外利润就属于他们自己，尽管这种额外利润的获得，只需要有普通的熟练和营业知识；这种额外利润不属于贷给他们货币的贷出者；我认为这是借债人的合理的和正当的所有物；因为贷出者把货币贷给某个营业部门时，是不会同意利息低于一般利息率的条件的，所以，不管用他们的货币获得多大的利益，他们都不应该得到更多的利息。

以上的考察表明，利息以利润为依据，而利润在贷出者和借债人之间的公平分配似乎是由大家的一致同意决定的，所以我认为如下说法可以有把握地作为一个法则规定下来，即：

自然利息率是由工商业企业的利润决定的。

我相信，在一切文明时代和文明国家都可以觉察到这一法则的存在；我之所以特别强调文明一词，是因为如果人们互不信任，借贷就不能存在，而如果没有宗教和法律的帮助，这种信任一般说来恐怕也会十分脆弱，至少必须假定法律具有适当的约束力，否则就只会有很少的借贷。那么，如果有人问，为什么英国100年以前的利息率是8%，而现在只是4%呢？或者问，为什么荷兰在这一时期的利息率以几乎与英国相同的比例降低呢？对这两个问题的回答是，一般地说，那时候英国和荷兰的商人和制造业者赚得的利润比现在多一倍。

或者，如果有人问，为什么一切商业国家现在的利息率不同英国一样都是4%左右，而是荷兰为3%，法国、德国和葡萄牙为5%—6%，西印度和东印度为7%—9%，而土耳其为10%—12%？对于所有这些情况，只要总的答复一下就够了，就是说，这些国家的商业利润和我国的商业利润不同，并且如此不同，以致产生了上述各种不同的利息率。

然而，我们不能到此止步，因为虽然这些是直接决定利息率的原因，但是还存在着一些决定利息率的更广泛的原因，我们接下来便要探讨这些原因是什么。

洛克先生说(引文12)，“那使借钱者利润增加的因素，是货币数量与贸易相比即与一切商品的总销路相比减少了，或后者与前者相比增加了。”但是，我已用经验证明这种说法是不正确的；因为虽然过去100年间英国的货币与贸易之比在降低，但商业利润却在减少，因而利润不可能是由货币与贸易之比决定的。

必然是由于除此以外的某种原因，100年以前商人和制造业者通过商业一般能得到16%的利润，而现在只能得到8%的利润；最有可能知道其中原因的人，是很早就经营商业并在变动中受到最大损失的那些人；因为当人们发现某种对他们不利的变动的时候，他们会千方百计去了解引起变动的原因。

那么，让我们向多年经营工商业的商人和制造业者打听一下，为什么他们现在的利润比他们最初从事工商业活动的时候低，我相信他们当中所有的人或大多数人都会说，这是由于商人增加或贸易减少，或者由于商人彼此竞相压低自己商品的价格；这是这种变动的必然结果。一旦少数人将一种商品以低于通常利润的价格出售，无论是因为他们有必要把东西卖掉，还是因为他们利欲熏心想尽量多卖一些，经营这种商品的另一些人都不得不以同样的价格出售，否则便会失去他们的顾客，而这就会逐渐使商业利润发生巨大变动；大凡是自己创基立业而没有从长辈、老板或其他一些人那里继承事业的商人或制造业者，都必须想办法诱使人们优先惠顾，而想攫取较多贸易份额的人也必然如此；办法通常就是使他们经营的某些商品卖得比别人便宜一些。必然总是会有一些这种贪婪的人，而且一切贸易部门也必然会接连不断地有一些没有经验的生手参加进来，而其中许多人的唯一业务就是以廉价出售商品来牟利；因而很明显，这对于一般商业利润降到100年以前的一半必定起了很大作用；在商业利润降到最低点以前，这种作用是不会停止的。

一般商业利润不仅会由于商人的增加或变化而变动，而且还会由于贸易的减少而变动；因为如果贸易的减少使贸易规模和商人人数的比例发生变化，那也会使利润发生变动，正是贸易规模和商人人数的比例发生变化，而不是两者按相同比例增加或减少，使商业利润提高或降低。

在前述那段时间内贸易的减少对英国商人和制造业者的利润的降低起到了多大作用，不能精确断定；但是，如果我们考虑到，100 年以前欧洲的大部分对外贸易是由英国人和荷兰人经营，而现在它们在某些方面遇到了法国人、瑞典人和丹麦人等的竞争，我们对这个问题就只能作这样的推断，即利润的下降主要是那些国家参与对外贸易造成的；特别是，如果我们进一步考虑到，欧洲的大多数君主和国家由于英国与荷兰的势力与财富增加而认识到商业的重要性，已努力改进一切原来的贸易方法，力图减少对其他国家商品的需求，或者能够以对它们不那么不利的条件购买这些商品。

我认为以上这些便是致使过去 100 年间一般商业利润降低的主要原因；除了这些，还可以添上第三个原因，虽然它很不重要，可是我认为它对利润的变动也产生了某些影响；这就是东印度贸易，现在所进行的东印度贸易虽然对某些国家是有利的，但是我非常怀疑它对整个欧洲来说是否如此。因为如果由英国、荷兰和法国等国运到东印度的一切未加工的和完全制成的商品的价值（即成本和运费），不足以购买从那里带来的一切商品（这一点，从与东印度进行贸易的一切欧洲国家每年出口的大量白银，其价值远远超过运回的黄金看来，确是如此），那就可以肯定，尽管这些国家可以收回它们放弃的货币，可是欧洲人在同东印度人的总收支差额上还是亏损的一方；因为欧洲对亚洲的贸易所作的贡献，大于亚洲对欧洲的贸易所作的贡献；差额表现为欧洲从事贸易的人们损失了大量劳动，其中许多人还必然因此而成为其各自国家的负担，而且，所损失的劳动要用硬币向东印度偿付，从而使损失增加一倍；

这样，西印度的财富由欧洲从事贸易的国家带给了东印度，而非但没有给欧洲的贸易带来任何好处，反而对它产生了不利的影响：因为超过从欧洲运去的商品可以换得的数量而从东印度运来的每一匹丝绸或衣料，都会给一些欧洲国家的制造商带来相应的损失；因为不管你如何转移这种损失，它都肯定会落在某些制造商身上，因而必然会像前面所说的那样，通过减少贸易所占的比例而促使商业利润降低。

根据上面就这个题目所作的论述，可以得出以下的法则：

商业利润一般决定于商人数目同商业规模之比。

一般说来，这个法则已被过去100年间欧洲各商业国家利息的降低所证实，在这些国家，对外贸易和国内贸易的竞争者数目大为增加，并通过降低商业利润降低了利息率；而且如果我们观察一下欧洲各国的情况，就会发现它们现在的利息率，从而商业利润，是符合这一法则的，因为在适于经营商业的那些国家中其从事商业的人数在居民总数中所占比例最大的荷兰，利息最低；而在这方面最接近于荷兰的大不列颠，其利息率也最接近于荷兰的利息率；在法国、葡萄牙、德国和西班牙，从事商业的人数在人口总数中占的比例较小，因而利息比我们这里高；在土耳其，这种比例更低，因而利息比前面提到的任何国家都高。

至于在美洲的各个殖民地和新拓居地以及在东印度和西印度据以收付利息的利息率，我认为不宜于同已经谈到的那些相提并论；这不是因为它们同已经提出的法则相矛盾，而是因为它们一般高于欧洲的各个商业国家的利息率；它们为什么较高，并且可能永远会较高，我认为其原因在于，这些地方的贸易高度地依赖欧洲，因而其所伴有的海险或气候变化的风险(或者二者兼有),大于相互距离不那么远的国家之间的贸易,所以,它必须产生较大的利润,否则商人就不会从事这种贸易;但是,虽然出于上述理由,我认为那些殖民地和新拓居地的利息必须永远高于它们各自所属的欧洲国家同一时期的利息,然而由于人们致力经营欧洲的一般贸易,那些地方的利息已经降低,并将继续降低。

上面已证明,商业利润决定于商人数目同商业规模之比;接下来要弄清的是,什么决定商业同商人之间的比例,而这一点恐怕要通过考察贸易的动机是什么来做到。

贸易的第一个也是最大的动机是必要性;因为大自然把生活必需品和便利品分配得使任何人都不可能靠自己的劳动来获得他方便而愉快地生活所需要的那么多必需品和便利品;没有别人的帮助,就无法消除这种不方便,而得到别人的帮助,就可以做到这一点;彼得靠自己的勤劳可以获得某些有用的物品,詹姆斯靠自己的勤劳可以获得其他一些有用的物品,两人获得的有用物品都多于满足他们各自的需要所必需的数量:他们都能够通过交换他们所持有的那些物品的过剩部分,相互供应难以用自己的劳动取得的东西,以满足各自的需要;因而,无力依靠我们自己的劳动方便地生活下去,是贸易的第一个也是主要的动机。

但是,这不是人们不得不从事贸易的唯一动机;因为如果这是唯一的动机,每一个国家的商业规模同它的居民数目的比例,或者同它的天然丰饶或贫乏的比例,就应当相同,而实际情况远非如此;在一些国家,人的生活是一场持续不断的劳动,而在另一些国家,则除懒散和怠惰以外几乎没有别的东西,因此人们可能会认

为，大自然使人类的一部分勤劳，而使人类的另一部分懒惰；然而这种差别产生于一较低级的本源，实际上是政治，而不是自然，把人们区别了开来：一些人只是为了眼前的需要而劳动，但是，在人们对未来给予关注的地方，劳动则是出于今后能享受他们目前勤劳的果实的期望，但并不是所有地方的人都能抱有这种期望；这也就是为什么某一国家的人很勤劳，另一国家的人很懒惰，而第三个国家的人则既不非常勤劳也不非常懒惰的原因。

所以，我们发现，在政治上享有自由、人们的私人权利也得到最好保护的大不列颠和荷兰，利息率较低，因而商人在这两个国家人口总数中所占的比例，大于法国、葡萄牙、德国和西班牙，或欧洲的任何其他国家，在这些国家，政治是专横的，私人财产也不那么安全。威廉·坦普尔爵士说得非常正确："若对社会安全和个人安全缺乏信心，因而对政府的实力、智慧和公正缺乏信任，贸易就不能在极大的程度上增长或兴旺起来；而政府的实力、智慧和公正必然建立在君主的个人德行和品质之上，或建立在国家的法规和制度之上。"（《对荷兰的观察报告》，第 190 页[①]。）

那么，决定商业同商人之间比例的就是以下这些：

一、自然的必要性；

二、自由；

三、私人权利的保护；

四、社会安全。

① 《对荷兰联省的观察报告》，载《威廉·坦普尔爵士著作集》（爱丁堡，1754 年），第 1 卷，第 1—157 页。

一、关于自然的必要性。必需而有用的自然产品如此不公平和不均匀地分布在不同的国家,以致令人十分怀疑,欧洲是否有两个国家能够以等量的劳动使一定人口同样方便地生活,如果限定它们只使用本国独有的产品,而不接受其他国家的任何帮助的话,我相信每个人都会同意这样的看法,即没有两个国家能够以等量的劳动耗费,同样丰富地提供数目相等的必要生活资料。人的需要的增减取决于人生活在其中的气候的严寒或温暖;所以不同国家的居民必须经营的商业的规模不能不有所差别,只有根据冷热的程度才能知道这种差别的程度。由此可以得出一个一般的结论:维持一定人口生活所需要的劳动量,在气候寒冷的地方最大,在气候炎热的地方最小,因为在寒冷的地方,不仅人需要较多的衣服,而且土地也必须耕作得更好,而在炎热的地方人只需要较少的衣服,并且往往可以说,他们穿衣多是出于体面和样式的考虑,而不是出于必需,而且在炎热的地方,大自然自动生产的物品很多,因而土地无须耕作得很好。例如,在欧洲南部生活的那些人能够以少于在欧洲中部居住的那些人所花费的劳动来维持自己的生活,而在欧洲中部居住的那些人则能够以少于欧洲北部的居民所花费的劳动来维持自己的生活。既然谈到必要性迫使某些人较多地从事贸易,其他一些人则较少地从事贸易,我就不能够略而不谈荷兰所独具的一种必要性,这种必要性是由国内人口过剩引起的;这种情况,再加上必须花费很多劳动去筑堤和排水,就使荷兰经营商业的必要性比世界上其他任何可以居住的地方都大。

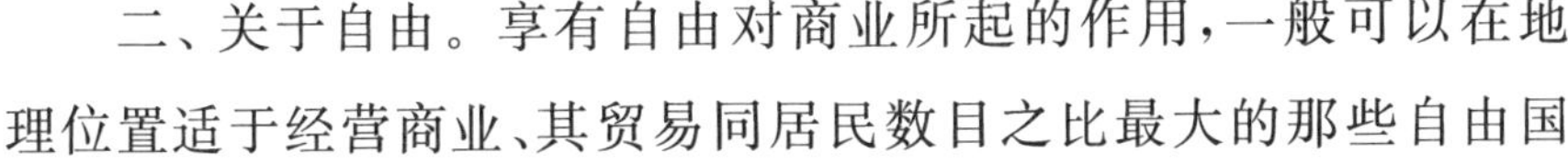

二、关于自由。享有自由对商业所起的作用,一般可以在地理位置适于经营商业、其贸易同居民数目之比最大的那些自由国

家看到；但是，如果我们要了解自由的最大作用，就必须观察一下荷兰，从荷兰的土质处于自然状态、低洼，因而它的位置有损健康来看，它不是一个理想的国家；可是那里的自由却如此令人称心，以致人们宁愿选择这块自由的土地住下来，并甘愿忍受它的一切天然的不便和不利，而不到自然条件好但却没有自由的地方去。

三、关于私人权利的保护。保护私人权利是自由的自然结果。因而似乎没有必要将它们区分开来，但在此处情况不是这样；因为有一些专制国家，其商业的规模远远大于必要性所要求具有的规模；这是它们的君主的个人品德或政策造成的；这些君主或者按照正义和人道的原则，或者为了自身利益，而运用自己的权力向臣民们提供保护（在自由国家，这种保护得自于法律），当它持续下去的时候，这对人们勤劳操业和从事贸易是一种鼓励；但是，君主的保护只是个人的保护，容易受其寿命的影响，而贸易则不能很快改变它的发展方向；他们的视野和保证也不像自由国家那样广泛，在自由国家，人们的私人权利和对劳动成果的亨有，较之独断专行的君主变化无常的意愿具有更为可靠的保障；因而专制国家的贸易不可能像自由国家的贸易那样长期地兴旺发达。

四、关于社会安全。我们就自由和私人权利的保护所说的那些话，在一定程度上也适用于社会安全：因为它们都是一棵树上的分枝，都有助于结出同一果实，即私人安全。凡是超过必要性而经商的人，都是因为对私人安全抱有某种信心，但是当强大的外部势力威胁要摧毁一切时，人们对私人安全抱有的信心，便丝毫也不会多于国内处于暴政之下或无政府状态时人们对私人安全抱有的信心。

从上面就导致人们从事贸易的动机所作的表述，我认为可以作出如下的论断，即：

一国的商人数目取决于必要性和对商业的鼓励程度。

上面我已说明了有关利息率的决定的一切（目前在我看来它们都是实质性的），我拟以简短地复述我自己对这个问题的看法来结束本文，这些看法有如下述：

自然利息率决定于工商业企业的利润。

商业利润决定于商人数目同商业规模之比。

商人数目决定于必要性和对商业的鼓励程度。

这便是我对自然利息的看法；但是，如果人们能够提出得到事实充分支持的任何其他见解，则无论在什么时候提出，我都准备改变我的看法。

译者附记：本书译文曾经朱泱同志校阅，谨在此表示深切的谢意。

马西《论决定自然利息率的原因》一书述评

李　善　明

（一）

约瑟夫·马西（Joseph Massie？—1784年），英国经济学家，资产阶级古典政治经济学的代表人物之一。他以当时经济文献的收藏家和目录学家著称，曾花费许多年时间搜集到1500多本涉及商业、硬币和大不列颠殖民地等问题的图书，并且按照字母和年月顺序编制了一种极好的文献目录，以后竟增加到两千多条，成为亚当·斯密以前英国经济文献最有益的指南。但是他也曾利用上述材料写作过不少关于经济问题以及社会问题等方面的小册子，所以马克思称他为“一个多方面的作者”，还“拥有很多读者”。马西在其著作中曾明确地阐述利息是利润的一部分；并用资本积累、竞争和由此产生的利润率下降来说明利息率的下降以及利息率决定于利润率。他是第一个将利润作为独立的经济范畴提出来的经济学家，虽然他对于利润的“本性”或实质问题一无所知。此外，马西还坚持货币数量论，并把这一观点贯彻到他的其他经济思想之中，例如他即曾以之批驳洛克关于利息率决定于货币供应量的意见。马西的著述很多，至于主要的经济学著作，则除了这本《论决定自然利息率的原因》而外，还有《赋说计算》、《国家关心的商业知识》等。马克思认为，马西于 1750 年匿名出版的《论决定自然利息率的原因》一书，虽然文笔“比较差”，但论述却“精确得多”①。他断言此书具有“划时代”的意义，并且肯定“休谟就是从这部著作中得出他的利息理论的”②。不仅如此，马克思本人在《资本论》第三卷中讨论“生息资本”、“利息”等问题时，还广泛地引证了马西的上述著作，以之作为自己学说的注脚，或直接地给予明确的肯定和赞许。对于马西，马克思主要是持肯定态度。

《论决定自然利息率的原因》一书，主要是批判威廉·配第，尤其是约翰·洛克关于利息问题的观点，所以该书还有一个副标题，叫做：《对威廉·配第爵士和洛克先生关于这个问题的见解的考察》。

（二）

在《论决定自然利息率的原因》一书中，马西首先在《论债务比例》一节中说明，利息率或自然利息率与一国的债务数量的大小或多少无关，即自然利息率不是由债务数量决定的。

马西从批判洛克的这样一种观点入手：决定货币的自然利息率提高的一种情况是：“一个国家的货币太少，与其居民彼此间的债务不相适应。”其实，洛克的意思就其本质而论，是说：货币的自

① 《马克思恩格斯全集》第 20 卷，第 262 页。

② 《马克思恩格斯全集》第 23 卷，第 562 页。

然利息率是由一个国家的货币供应量的大小或多少来决定的，即：一国的货币供应数量大，则其利息率低；一国的货币供应数量小，则其利息率高。当然，这个货币供应量是大是小，或是多是少，是同债务数量相联系的，或者说是相对于债务数量而言的。但是应当指出，洛克的意思是很清楚的，即利息率直接取决于货币供应量，而不是直接取决于债务数量。洛克是把自然利息率的提高，归结为货币太少，不能满足居民间的债务需要；即认为自然利息率提高的原因是货币短缺，而不是简单的债务数量的增加。洛克的这一观点当然也是不正确的；但是马西并没有抓住洛克上述错误看法的要害，而是荒谬地把洛克的意见归结为：货币的自然利息率由一国的债务数量的大小或多少来决定。因此，马西对洛克的批判是强词夺理的、缺乏根据的。

马西曲解了洛克的观点之后，批评他说："如果债务像洛克先生所认为的那样，对自然利息率具有如此重大的影响，人们就可以合理地料想现在的自然利息率会比150年以前高一半以上。"因为按照洛克的推测，在奢侈、浪费十分普遍的情况下，目前无论私债还是公债都比过去大大地增加了。因此马西断言："如下推测似乎并不过分，即，这样的债务负担必然会使利息率上升到20%，而任何人都没有理由可以设想利息率会低于15%，这种利息率是许多年来人们所支付的利息的整整3倍。这充分表明，在相当长的一段时间内人们相互间的债务同他们居住的那个国家的利息率具有多么少的关系。"马西还列举事例说：尽管1740年以后国债已由4500万镑增加到7800万镑，但一般地说，私人之间通行的利息率现今和那个时期大致相同。因此马西坚决反对说利息的增加是由债务数量增多造成的。

马西不仅用历史事例论证他的观点，而且还从理论上分析说：由于债务数额大，因而私人突然搜集巨额货币肯定会使利息率上升，正像购买大量小麦会使小麦价格上涨一样。但是，当引起这种上升的需求得到满足时，利息会很快地回到它的自然利息率上来。货币在发生普遍危机或公众急需时所具有的价格，不能称为自然利息率，正如一个人在急需小麦时所同意支付的价格不能称为小麦的自然价格一样。

在批判洛克时，马西还区分了利息和风险报酬或保险费。他不同意洛克把因借款人不能保障偿还贷款而支付的较高的费用都称为“利息”。马西认为这种以“利息”名义支付的费用，只有一部分是利息，而另一部分则是风险报酬或保险费。借款人支付的较高的费用，只有减去这部分风险报酬或保险费之后的余额才是利息。马西说：“因为放款者在利息的名义下收取的那种报酬的一部分，在具有损失（贷款）危险的一切情况下，是一种风险报酬，而不是利用（贷款）的报酬；而由于在借款者奢侈浪费把一半借款挥霍掉的地方，存在着损失（贷款）的很大风险，因而这种借款者支付的很大一部分报酬，也就当然是一种风险报酬，而不是利用（贷款）的报酬。”“所以，这里在高利息的名义下所隐藏的，实际上并不是利息，而是对利用和风险两者的共同报酬；它可以像称之为高利息一样恰当地称为高保险费，因为它既像前者又像后者。”因此马西认为，洛克用挥霍者支付给借款人的高额报酬来论证利息的提高，是不正确的。

由此马西谈到了借款利息率同借款人信用之间的关系问题，

认为两者是紧密地联系在一起的。就是说，借款人所支付的利息率，同他自己的信用程度是密切相关的：借款人的信用程度较高，则借款时所支付的利息率就较低，或能以较低的利息率借到钱；反之，如果借款人的信用程度较低，则借款时所支付的利息率就较高，或只能以较高的利息率借到钱。他指出，无论私商或政府都是如此。商人的信用随着他的贸易的兴衰而升降，政府的信用也根据它所从事的战争的胜负等而有高低。例如政府，在和平时期，因为信用程度较高，所以往往能以低于私商的利息率或自然利息率，比方以比法定利息率低 2%的利息率借到货币；然而在战争时期，因为信用程度较低，因而只能以较高的利息率，比方以比法定利息率高 2%的利息率借到货币。作者认为，这种较高的利息率，实际上并不是全部部为利息，而是利息加保险费或保险收入。这种较高的利息率减去一般利息率之后，便是保险费或保险收入。因此马西坚决反对根据政府借款时所支付的利息率"来推断自然利息率"。马西断言："经验表明，这两种利息率（即政府支付的利息率和自然利息率。——笔者）彼此既不一致，又不保持一定的关系。"这就是说，借款者（无论政府或私人）所支付的利息率是同他们各自所具有的信用程度密切地联系在一起的，因而它们往往和自然利息率不相一致，也不保持固定的比例关系。

马西接着批驳了下面一种观点："如果国债得到清偿，通过将较多的货币投入贸易，会使利息大大低于现在。"马西认为，国债的偿还不会把较多的货币投入贸易，从而不能把利息率降低。在他看来，"国债的偿还十之八九会提高而不是降低利息率"；"也不会使较多的货币投入贸易，而会使已经投入贸易的全部或大部分货币流出国外”。马西指出，欠外国人的公债必须以铸币或金块进行偿付，而这种铸币或金块又必须由自己的国家运送，或对本国负有债务的其他一些国家运送，除此以外，没有任何其他的办法。所以国债的偿还，是减少流通中的货币，而不是增加流通中的货币。所以，如果说利息率是依用于贸易的货币数量而定的话，那么，随着国债的减少，利息率不是必然降低，而是必然提高。他还指出，欠本国人的公债，即欠大不列颠人的公债，也必须通过征税等筹集起来后方能偿还，然而这部分货币不仅是过去已经处在流通中、已经投入贸易中的货币，并且在债权人得到它们以后也仍然把它们投入流通或贸易之中，所以处在流通或贸易中的货币既不增加，也不减少，而是和过去一样多。因此马西断言：“我不明白偿还国债怎么能够使较多的货币投入贸易。”他说，当然，如果国内有金银矿，政府可以从那里随意提取一定数量的金银来偿还国债，则国债的偿还无疑会使较多的货币投入贸易；但是政府没有这种矿山，因而除了依靠赋税，以及依靠向国内的土地、生产或消费的商品征税以外，没有任何可以获得货币的方法。所以从偿还国内公债来讲，它也不能使更多的货币投入流通或贸易；从而不能使利息率降低。

马西还通过揭露洛克“矛盾的观点”来批驳他的说法或理论。马西指出：洛克一方面把债务数量看做决定利息率的主要原因，而另一方面却又凭借货币缺乏来说明利息率的提高。他认为这是互相矛盾的：如果债务对利息率具有那样大的影响，那么还有什么必要引入货币短缺问题呢？如果导致利息率提高的原因是货币短缺，那么，债务除对货币短缺起促进作用而外，同利息率的提高又有什么牵连呢？为什么要把债务看成是提高利息率的要素呢？在马西看来，债务数量同货币短缺之间并不存在必然性的联系。因为：在债务毫无增加的情况下，货币短缺同样可能发生，例如同法国进行自由贸易会在国内引起货币短缺，但不会导致债务增加；在债务大量增加的情况下，货币短缺却不一定发生，例如大不列颠和荷兰所欠的债务多于它们可用以偿还债务的货币，然而这两个国家都不缺少货币。如前所述，这里马西显然歪曲了洛克的观点，因而他的批判是没有什么理由和意义的。

（三）

接着，马西在《论货币数量》一节中说明，利息率或自然利息率与一国货币数量的多少无关，自然利息率不是由货币数量所决定的；或者说，自然利息率与一国货币数量同贸易之比无关，自然利息率不是由货币数量同贸易之比所决定的。

马西首先讨论国内贸易问题，并且提出：经营一国的贸易，究竟需要多少货币才是恰当的？或者说，要有多少货币才可以满足贸易的需要？他认为，所谓一国的货币和贸易之间的均衡和不均衡这个问题实际上是不存在的，或者说议论这个问题是没有什么意义的。“因为货币作为一种可以交换的商品，它的价值随同它的数量的变动而增减，当货币充裕的时候，较多的货币在劳动者的工资、地主的年收入的支付或经纪人的交易上将无所作为，而当货币短缺的时候，较少的货币也能应付；因而很难断定均衡在哪里终止，或不均衡在哪里开始。”

这就是说，马西和洛克一样，他也是一个货币数量论者，认为货币这种商品，乃是一种交换的工具，它本身是没有固有的价值的，它的价值是随着货币数量的变动而变动的，即：当货币数量增加时，单位货币的价值便降低；当货币数量减少时，单位货币的价值便提高。因此，马西认为，在这两种情况下，其结果都是一样的：一定数量的货币总是代表一定数量的商品的价值，因而总是与贸易相适应的。所以货币多了，对商业起不了什么作用；货币少了，对商业也无妨碍，仍能对付过去。因此我们很难讲货币同商业之间是否存在均衡或不均衡的问题。于是马西说：如今每蒲式耳小麦可以卖到 4 先令的农民，他们以这一价格出售小麦所获得的利益，并不比生活在 200 年以前的农民以 2 先令的价格出售小麦所获得的利益为多。因为 200 年以前的货币很少，因而每蒲式耳小麦只卖 2 先令；200 年以后的货币很多，因而每蒲式耳小麦能卖 4 先令。所以在 200 年以前，2 先令在支付劳动者的工资、地租或者向一个人提供的肉类、饮料或衣服方面可以做到的，同现在 4 先令可以做到的一样。即当初的 2 先令和现在的 4 先令可以办同样的事情，买一样多的东西。因此马西断言：200 年前这个岛的居民以 800 万镑货币经营或可以经营的贸易，同现在这个岛的居民以 1600 万镑所能经营的一样。所以，我们不能因为当时的货币比现在少一半，就说当时的货币短缺；也不能因为现在的货币比当时多一倍，就说现在的货币不短缺。如果不这样认为，“就是否认货币作为一种可以交换的商品，它的价值是由它的数量决定的。”

虽然洛克和马西两个人都是货币数量论者，然而看得很清楚，他们是有显著的区别的。洛克一方面坚持货币数量论，而另一方面却又持与货币数量论相矛盾的观点：货币数量需与商业需要量

相平衡。上述两种意见是对立的。因为按照货币数量论，任何数量的货币都是同商业需要量相适应的，根本不存在两者是否相均衡的问题。例如，在商品价格总额不变的情况下，当货币数量增多时，因单位货币的价值成比例地降低，因而是与商品价格总额相一致的；当货币数量减少时，因单位货币的价值成比例地提高，因而也是与商品价格总额相一致的。可见不会出现货币数量与商业需要量之间是平衡还是不平衡的问题。因此，我们可以说，洛克的货币数量论是不彻底的、不连贯的，他并没有把他的货币数量论贯彻到他的其他经济理论之中。这种情况之所以发生，这种矛盾之所以出现，是因为洛克对货币问题的态度本来就是摇摆不定的。他一方面主张货币数量论，认为货币的价值是一种想象的或假定的价值；而另一方面又赞成货币金属论，断言决定货币价值的，不是它的名称，而是它的金属内容。这就造成了他的理论不可能前后相同，一以贯之。相反，马西与洛克比较起来，他的货币数量论则要彻底得多，一贯得多。因为他看出了洛克上述观点的矛盾性，并用货币数量论驳斥了洛克关于利息率决定于货币供应量的观点。马西坚持认为，当商品价格提高时，必定是由于那时的货币数量相对于商业而言有所增加的缘故，“否则货币作为一种可以交换的商品，其价值便不由其数量来决定。”

马西接着也谈到了对外贸易问题。他认为，在研究自然利息率是否由货币与贸易数量之比决定的问题上，几乎没有必要研究对外贸易。因为按照威廉·配第的说法，英国的对外贸易仅占整个贸易的1/6，因而可以说，对国内贸易来说是正确的东西，对于整个贸易也适用，因为它符合于整个贸易中的最大部分。

那么，一国的自然利息率是否取决于当时在国内流通的全部货币数量同该国的全部贸易的比例呢？或者，一国的利息率是否会而且必然会按照该国流通中的货币数量相对于该国的贸易来说减少或增加的程度而提高或降低呢？

马西的答复是否定的。他赞成洛克用小麦的价格来推定一国的货币相对于该国的贸易来说是增加还是减少的意见。因为其他商品的价格变动很大，而小麦的价格变动却较小。因此，他利用自己搜集到的过去若干年间小麦价格变动的历史材料，证明自然利息率的变动并不取决于货币同贸易的比例。马西指出："如果在刚过去的20年间国内货币同贸易之间的比例是自然利息率之所以是4%的原因，那么，按照1666年至1705年这40年间货币同贸易之间的比例，那一时期的自然利息率就应该只是2.5%，而实际上却比这一数目大一倍；同一法则，1646年至1665年的自然利息率应该只是2%，而实际上自然利息率却是7%左右。"他还指出：如果使20年间平均每夸脱小麦卖2镑17先令5便士的货币，使自然利息率达到7%，那么，当每夸脱小麦卖1镑8先令8.5便士的时候，自然利息率就应当是14%。当每夸脱小麦卖14先令4.25便士的时候，自然利息率就应当是28%。当每夸脱小麦卖7先令2便士的时候，自然利息率就应当是56%。当每夸脱小麦卖3先令7便士的时候，自然利息率就应当是112%。就这样，马西否定了洛克的结论，断言自然利息率的变动并不取决于流通中的货币总量同贸易总量的比例；因为自然利息率的变动并不随着流通中的货币总量同贸易的比例的变动而变动，或至少是不均等地随着上述比例的变动而变动。

（四）

马西最后在《论决定自然利息率的原因》一节中说明了他自己关于利息率变动原因的观点：引起自然利息率变动的真正原因是利润率的变动。

马西写道："经验已经表明，自然利息率既不与用于贸易的货币数量均等地或不均等地变动，也毫不依存于一国的货币同该国居民彼此之间的债务的比例，因此，有必要找出除这些以外的其他一些法则来说明利息率，因为很明显，它们不决定利息率。"

为了确定引起自然利息率变动的原因，马西首先研究支付利息的原因，即人们为什么要支付利息？他从借款者利用贷款进行贸易等谈起，认为：由于借款人利用贷款从事贸易等而获得了利润，例如借款 100 镑，获得了 5 镑利润，因而这个借款者虽只借了 100 镑，实际上等于借了 105 镑。因此，他理所当然地应从所获得的 5 镑利润中取出一部分来交给贷款人，贷款人也有权要求获得这一部分货币。这是指那些因将贷款用于贸易等而获得了利润的人。那么，有些仅仅出于需要而贷款、没有任何牟利目的或意图的人是否也需要支付利息呢？马西指出，这是肯定的。因为一个人需要货币或小麦供他挥霍，或者满足他目前的需要，并不能成为提供货币或小麦的人不为此收取利息的原因，正如它不能成为不收回本金的原因一样。贷款者或出借人既有权收回本金，又有权索取利息。马西认为，"收取利息的合理性，不取决于借款人是否赚取利润，而取决于这些货币如果正确地加以利用，能够带来利润。"

由此可见，马西是从利润引出利息来的。他断言："利息以利润为基础"，"自然利息率是由工商业企业的利润决定的"。

那么，利润中应当有多大一部分归借款人，多大一部分归放债人，才算是合理的呢？马西认为，"这一般地只有根据借贷双方的意见来决定"，所谓合理或不合理，"仅仅是大家同意的结果"。他赞同洛克的意见，断言："合理的分配就应当是，放债人得到一半，而借债人则得到另一半。"当然，马西也指出，这一条利润分配原则，并不是对每一个放债人和借款者都适用，而只是就总的情况来说才是适用的。因为一个借款人的业务很熟练，因而能够靠100镑贷款获得比同行业中的其他人多一倍的利润，例如10镑，他不能因此而支付比其他人多一倍的利息，例如5镑。另一个借款人的业务很生疏，因而100镑只能获得比其他人少一半的利润，例如2.5镑，他不能因此只支付比其他人少一半的利息，例如1.25镑。马西认为，"特大的利润和特小的利润是对业务熟练和业务不熟练的报酬，这是同放债人绝无关系的；因为他们既不会因业务不熟练而吃亏，也不会因业务熟练而得利。"马西还指出，上面就同一营业中单个人所说的话，同样适用于各种不同的营业。就是说，各个行业的利息都是按照一般利息率支付的。例如，某一行业利用贷款能够获得比其他行业的普通利润更多的利润，则这一额外利润就归该行业所有，它不会因此而支付较高的利息；反之，另一行业利用贷款所获得的利润比其他行业的普通利润要少，它也不会因此而支付较低的利息。

马西写道：如果有人问，为什么英国100年前的利息率是8%，而现在只是4%呢？或者，为什么荷兰在这一时期的利息率

以几乎与英国相同的比例降低呢？他指出，对于这两个问题的回答，一般来说是：那时英国和荷兰的商人和制造业者赚得的利润比现在多一倍。马西还写道：如果有人问，为什么一切商业国家现在的利息率都和英国不同，都不是4%左右呢？为什么荷兰为3%，法国、德国和葡萄牙为5%—6%，西班牙和东印度为7%—9%，土耳其为10%—12%呢？他指出，这是因为这些国家的商业利润和英国的商业利润不相同，甚至很不相同，所以才产生了上述各种不同的利息率。

可见马西把利润作为决定利息的原因和基础。

马西是将利润作为独立的经济范畴提出来的第一个人。以往的经济学家，包括杰出的古典经济学家如威廉·配第、弗朗斯瓦·魁奈等人在内，都把利润归结为资本家的工资或特殊工资，而没有把它作为一个独立的经济范畴提出来。马西与他们不同，他在政治经济学史上最先把利润作为独立的经济范畴提出来。他的《论决定自然利息率的原因》这本书就是一个历史的见证。马西从来不把利润看成是资本家的工资或特殊工资，而认为它是由商人和制造业者所“赚得”的。在马西看来，“利润不可能是由货币与贸易之比决定的”，而是由竞争来决定的，或者说，它决定于商人人数同商业规模之比。例如他指出，为什么商人和制造业者现在的利润比他们最初从事商业活动的时候要低呢？接着回答说：“这是由于商人增加或贸易减少，或者由于商人彼此竞相压低自己商品的价格；这是这种变动的必然结果。”这就是说，由于商人增多了，彼此竞相争夺市场，竞相争着出售自己的商品，因而一些商人便以低于通常利润的价格出售，结果另一些商人不得不竞相效尤，否则便会失去他们的顾客。这样一来，就会逐渐使利润发生巨大的变动。另外，由于贸易减少，因而使贸易规模和商人人数的比例发生变动，也会使商人人数相对增多，进而使利润减少。

马西显然没有弄清楚利润的起源和实质。他认为利润决定于竞争的观点是不正确的。马克思在《剩余价值理论》手稿中曾经这样评论道：马西和休谟“两人同样很少谈到‘商业利润’本身的源泉问题。”[1]后来在《反杜林论》的第十章《〈批判史〉论述》中又指出：“马西和休谟两个人对于在他们学说中起作用的‘利润’的本性，什么都不知道，什么也没有说到。”[2]但是也应当指出，他独立提出利润问题，并用利润来说明利息，而不再把利润归结为资本家的工资或特殊工资，则是可取的，是一种历史贡献或历史功绩。

马西认为，利润是决定利息率的直接原因，但还有一些决定利息率的更广泛的原因。以下他便进一步地讨论了这些原因；然而归结起来，这实际上就是讨论利润是如何决定的。

在这里，马西首先批判了洛克的如下观点：“那使借钱者利润增加的因素，是货币数量与贸易相比即与一切商品的总销路相比减少了，或后者与前者相比增加了。”马西不同意说利润增加或减少的原因是货币与贸易之比，并认为他已经用经验证明了这个观点的错误。马西说，虽然在过去的100年间，英国的货币与贸易之比在降低，但是商业利润却在减少，可见利润不可能是由货币与贸易之比决定的。

---

① 《马克思恩格斯全集》第26卷I，第404页。

② 《马克思恩格斯全集》第20卷，第262页。

那么，利润究竟是由什么因素决定的呢？马西从利润的逐步减少谈起。他说，100 年前，商人和制造业者通过商业一般能获得16%的利润，而现在则只能得到 8%的利润，其原因有如下一些主要的方面：

第一，商人增加。由于商人的人数增加，商人之间的竞争加剧，因而彼此竞相压低自己商品的价格，从而使利润减少，利润率降低。马西把上述情况视为一种客观规律，并且指出："在商业利润降到最低点以前，这种作用是不会停止的。"

第二，贸易减少。由于贸易减少，使商业规模缩小，从而同原有的商人人数之间的比例发生变动，于是导致利润减少，利润率降低。马西在这里特别强调贸易规模和商人人数不是按照"相同的比例增加或减少"。就是说，在贸易规模缩小时，商人人数并没有减少或没有按相同的比例减少，因而使贸易规模和商人人数之间的比例减小了。这同前一条原因是相类似的；它实际上表明，相对于贸易来说，商人人数增加了，从而加剧了商人之间的竞争，引起商品价格下跌，利润减少，利润率降低。

第三，东印度贸易。马西指出，虽然这个原因很不重要，但它对利润的变动也产生了某些影响。因为就整个欧洲人同东印度进行的贸易而论，它往往处于入超地位，在总收入差额上属于亏损的一方。所以马西认为：现在所进行的东印度贸易，虽然对某些国家来说是有利的，但它对于整个欧洲来说却未必如此。

通过以上的分析，马西得出结论说："商业利润一般决定于商人数目同商业规模之比。"他把这看成是一条法则或规律，并且认为它已经被过去的 100 年间欧洲各个商业国家的利息率的降低所证实。马西指出：在荷兰，因为从事商业的人数在居民总数中所占的比例最大，因而利息率最低。在英国，因为从事商业的人数在居民总数中所占的比例最接近于荷兰，因而其利息率也最接近于荷兰。但在法国、葡萄牙、德国和西班牙，因为从事商业的人数在人口总数中的比例较小，因而其利息率也比我们这里高。在土耳其，因为上述比例更小，因而其利息率比我们前面提到的任何国家都高。

既然商业利润决定于商人数目同商业规模之比，那么，又是什么要素决定这种比例呢？马西通过考察贸易的动机来说明这个问题。他认为这些要素有如下一些：

第一，自然的必要性。马西认为贸易的第一个也是最大的动机是必要性。因为大自然把人们的生活必需品和便利品分配得不适当，即分配得不公平或不均匀，因此使任何人都不可能单靠自己的劳动，就能获得他为了方便而愉快地生活下去所需要的那么多必需品和便利品。一个人如果没有别人的帮助，就无法消除这种不方便，只有得到别人的帮助，才可以做到这一点。所以人们只有通过交换来相互供应他们难以用自己的劳动取得的东西，以满足各自的需要。所以马西认为，无力依靠我们自己的劳动方便地生活下去，是贸易的第一个也是主要的动机。不仅如此，人的需要还取决于气候条件：在气候寒冷的地方，维持一定人口生活所需要的劳动量最大，因为不仅需要穿较多的衣服，而且土地也必须耕种得更好；在气候炎热的地方，则所需要的劳动量最小，因为不需要穿更多的衣服，也不必把土地耕作得很好，大自然本身就会提供丰富的物品。这也迫使某些人较多地从事贸易，其他一些人则较少地从事贸易。

马西关于同一劳动量在不同的自然条件下可以满足不同需要量的意见，曾经受到马克思的赞许和重视。马克思在《资本论》第一卷第 14 章"绝对剩余价值和相对剩余价值"中讨论"自然条件"与提供剩余劳动的关系时，曾引证了马西的如上论述作为其注脚，用以论证他关于"劳动的不同的自然条件使同一劳动量在不同的国家可以满足不同的需要量"的观点[①]。在《剩余价值理论》手稿第一册中，马克思也摘引了马西的那一段论述[②]。可见马克思是赞成和支持马西的上述观点的。

第二，自然对商业所起的作用。马西写道，大不列颠和荷兰，在政治上享有自由，人们的私人权利也得到了最好的保护，因而利息率较低，商人在人口总数中所占的比重较大；而法国、葡萄牙、德国和西班牙，或欧洲的其他任何国家，因为政治专横，私人财产也不那么安全，因而利息率较高，商人所占的比重也较小。所以马西认为自由对于贸易的发展具有相当重要的作用。

第三，保护私人权利的重要性。马西认为，在自由的国家里，人们的私人权利和对劳动成果的享有，较之独断专行的君主的变化无常的意愿具有更为可靠的保障，同时专制国家的贸易不可能像自由贸易国家的贸易那样长期地兴旺发达。因为在自由的国家里，对私人权利的保护得自于法律，因而能较长时期地获得稳定发展的局面；而在专制国家里，上述保护只是由君主个人提供的，容

① 《马克思恩格斯全集》第 23 卷，第 562 页。

② 《马克思恩格斯全集》第 26 卷 I，第 404 页。

易受其意志和寿命的影响，因而不能维持较长时期的稳定发展局面。然而贸易是不能很快地改变它的发展方向的，它需要有一个长期稳定的环境。

第四，关于社会安全问题。在马西看来，贸易要获得发展，必须使人们对私人安全抱有充分的信心。所以凡是超过必要性去经商的人，都是因为他们对私人安全抱有某种信心。但是，一旦受到外部的强大势力的威胁，或国内处于暴政和无政府状态时，人们的这种信心便十分低落，甚至消失不见了。

最后，马西把他的上述几方面的论述归结起来，得出如下一个重要结论：一国的商人数目取决于商业的必要性和对商业的鼓励程度。就是说，除了第一个方面阐述商业的必要性而外，其他三个方面的问题，实质上都是一个对商业的鼓励程度问题。例如，一个国家的自由程度越高，则对商业的鼓励作用越大；私人权利越是可靠地受到保护，社会安全感越强，则对商业的鼓励作用也越大。

因此，马西的最后的总结论如下："自然利息率决定于工商业企业的利润。商业利润决定于商人数目同商业规模之比。商人数目决定于必要性和对商业的鼓励作用。"

（五）

马西在其著作《论决定自然利息率的原因》一书中，集中地阐述了他关于利息问题的理论。这一理论中有不少观点和论述是正确的，是值得肯定和赞许的。马克思在创立自己的科学的利息学说时往往引证了它们，对之给予了高度的评价。现举其要者以说明之。

首先，马克思肯定了马西认为利息是利润的一部分的观点。他在《资本论》第三卷第21章中讨论“借贷资本的价格”或利息的性质时，在正文和脚注中引用了马西的下面两段论述：“人们为了使用他们所借的东西而作为利息支付的，是所借的东西能够生产的利润的一部分。”“富人不亲自使用自己的货币……而是把它贷给别人，让别人用这些货币去牟取利润，并且把由此获得的利润的一部分为原主保留下来。”[①]马克思在引证了马西的上面两段话之后，还深刻地阐述了利息为什么只是利润的一部分，而不是全部利润的思想。这说明马克思是完全肯定和赞成马西断言利息是利润的一部分的观点的，是确认马西的这一见解的正确性的。不仅如此，他还高度评价了马西的这一思想。马克思在《剩余价值理论》手稿第一册中认为：“马西比休谟更加明确地说明利息只不过是利润的一部分”[②]；在《资本论》第三卷中，马克思又肯定这一理论是首先由马西“发现”的[③]。

马西的这一观点显然带有时代的特征。因为当时资本主义生产方式已经有了相当程度的发展，并且在社会生产的各个领域中逐步占据统治地位，因而借贷资本已经从属于产业资本，利息也在事实上变成了利润的一部分。把利息限制为利润的一部分，是产业资产阶级的要求和愿望。所以马西和休谟等人认为利息只是利润的一部分的观点是符合资本主义生产方式较为发展的条件下的

① 参阅《马克思恩格斯全集》第25卷，第394—396页。

② 《马克思恩格斯全集》第26卷Ⅰ，第404页。

③ 《马克思恩格斯全集》第25卷，第422—423页。

资产阶级的利益的，他们也正是从这一阶级的立场出发，并维护这一阶级的利益而作出上述结论的。因此，马克思深刻地指出："直到 18 世纪中叶，利息只是总利润的一部分这个事实，才(被马西，在他之后又被休谟)发现，而且竟然需要有这样一种发现。"①

其次，马克思肯定了马西认为利息率由利润率调节的思想。马克思在《资本论》第三卷第 22 章中讨论利润是利息的最高界限时，引证了马西著作中的如下论述："为使用资本而支付的金额和这个资本本身之间的比率，表示利息率，这是用货币来计量的。""因为人们为了使用他们所借的东西而作为利息支付的，是所借的东西能够生产的利润的一部分，所以这个利息总是由利润调节。""自然利息率，由个人营业的利润调节。"②在马西看来，因为利息是利润的一部分，因而利息的多少就由利润的多少来决定，从而利息率的高低由利润率的高低来决定。所以利息由利润调节的观点，是马西合乎逻辑地、自然而然地得出来的一个科学结论。马克思赞成马西的这一结论，但是进一步地发展了它。他指出："因为利息只是利润的一部分，……所以，利润本身就成为利息的最高界限，……利息的最低界限则完全无法规定。"③他又指出："假定利息和总利润之间的比率或多或少是不变的，执行职能的资本家就能够并且也愿意与利润率的高低成正比地支付较高或较低的利息。"④马西只是说明利息由利润调节，而未明确指出利息的最高

① 《马克思恩格斯全集》第 25 卷，第 422—423 页。

② 参阅《马克思恩格斯全集》第 25 卷，第 402、403 页。

③ 《马克思恩格斯全集》第 25 卷，第 401 页。

④ 同上书，第 402—403 页。

界限和最低界限，更未明确指出利息率随利润率涨落的情况，这是马克思在批判继承马西观点的基础上所作出的进一步的发展。

第三，马克思肯定了马西认为平均利息率无规律可循的思想。他指出马西的下述说明是“完全正确”的：“在这里唯一产生的疑问是，在这个利润中多大部分归借入者，多大部分归贷出者，才算合理；一般地说，这只能由所有的借入者和贷出者的意见来决定；因为，在这一点上，合理还是不合理，只是双方同意的结果。”[①]马克思不仅认为马西的这段话说得完全正确，并且根据马西的论述，进一步作出结论说：“一个国家中占统治地位的平均利息率，——不同于不断变动的市场利息率，——不能由任何规律决定。在这个领域中，像经济学家所说的自然利润率和自然工资率那样的自然利息率，是没有的。”[②]马克思还指出，供求平衡在这里没有任何意义。没有任何理由可以说明，为什么中等的竞争条件，贷出者和借入者之间的均衡，会使贷出者得到他的资本的3%、4%、5%等等的利息，或得到总利润的一定的百分比部分，例如20%或50%。当竞争本身在这里起决定作用时，“这种决定本身就是偶然的，纯粹经验的，只有自命博学或想入非非的人，才会试图把这种偶然性说成必然的东西。”[③]“在中等利息率不仅作为平均数，而且作为现实的量存在时，习惯和法律传统等等都和竞争本身一样，对它的决定发生作用。”[④]在一般利息率或平均利息率问题上，马克思的思

① 转引自《马克思恩格斯全集》第25卷，第406页。

② 《马克思恩格斯全集》第25卷，第406页。

③ 同上书，第407页。

④ 同上书，第408页。

想和阐释，当然比马西丰富得多、深入得多、明确得多，马克思才真正科学地制定了这一理论。然而马西认为一般利息率或平均利息率无规律可循，是由借贷双方的意见决定的思想，不能不富有启迪作用，不能说对马克思制定这一理论没有贡献、没有帮助。马西的功绩应当给予充分的肯定。

第四，马克思赞成马西认为利息率由一般利润率决定，而不是由特殊或个别利润率决定的思想。马克思在《资本论》第三卷第22章中写道："就利息率由利润率决定来说，利息率总是由一般利润率决定，而不是由可能在某个特殊产业部门内占统治地位的特殊利润率决定，更不是由某个资本家可能在某个特殊营业部门内获得的额外利润决定。"[①]马克思的观点很明确：利息率由一般利润率决定，而不是由部门利润率或个人利润率决定。在这段论述之后，马克思引证了马西的下述阐释作为其注脚："不过，利润分割的这个规则，并非对每个贷出者和借入者都适用，而是一般地说对贷出者和借入者适用……特别大的或特别小的利润，是熟练或缺乏营业知识的报酬，同贷出者根本没有关系，因为他们既不会由于一种情况而受到损害，也不会由于另一种情况而得到利益。我们就同一营业中单个人所说的情况，也适用于各种不同的营业；如果某一个营业部门的商人和制造业者可以用他们借来的货币，获得比本国其他的商人和制造业者所获得的普通利润更多的利润，那么，这种额外利润就属于他们自己，尽管这种额外利润的获得，只需要有普通的熟练和营业知识；这种额外利润不属于贷给他们货

① 《马克思恩格斯全集》第25卷，第409页。

币的贷出者……因为贷出者把货币贷给某个营业部门时，是不会同意利息低于一般利息率的条件的，所以，不管用他们的货币获得多大的利益，他们都不应该得到更多的利息。”[①]马西的意思是说：利息是按照一般利润率或平均利润率来调节的，借款人不会因为凭借所借款项获得了特别大的利润而支付较高的利息，也不会因为只获得了特别小的利润而支付较低的利息。可见马克思的学说包括了马西的某些思想或观点，或者说，马西也表述了与马克思学说相类似的观点或意见。但是显而易见，马克思的论述明确很多，概括得多，更具有科学性；而马西的论述，则比较抽象，只能说它包含有与马克思相类似的思想。马克思是继承并且进一步发展了马西的思想的。

上面，我们在分析马西有关利息问题的四个观点时，都曾提到马克思对马西著作的引证问题。就是说，马克思在自己的《资本论》第三卷第21、22章中讨论“利息”问题时，都曾广泛地引证了马西的著作：《论决定自然利息率的原因》。这些引证究竟说明什么问题呢？马克思为什么要引证马西的著作呢？对于这样的问题，虽然我们在前面都曾分别地有所涉及，但这里似乎还很有必要单独地作一些讨论。

关于马克思的引证方法问题，恩格斯曾集中地做过两次精辟的论述。

首先，恩格斯在1883年11月的《〈资本论〉第一卷第三版序言》中写道：“最后，我说几句关于马克思的不大为人们了解的引证

---

① 转引自《马克思恩格斯全集》第25卷，第409页脚注(70)。

方法。在单纯叙述和描写事实的地方，引文（例如引用英国蓝皮书）自然是作为简单的例证。而在引用其他经济学家的理论观点的地方，情况就不同了。这种引证只是为了确定：一种在发展过程中产生的经济思想，是什么地方、什么时候、什么人第一次明确地提出的。这里考虑的只是，所提到的经济见解在科学史上是有意义的，能够多少恰当地从理论上表现当时的经济状况。至于这种见解从作者的观点来看是否还有绝对的或相对的意义，或者完全成为历史上的东西，那是毫无关系的。因此，这些引证只是从经济科学的历史上摘引下来作为正文的注解，从时间和首倡者两方面说明经济理论中各个比较重要的成就。”①

其次，在 1886 年 11 月的《〈资本论〉第一卷英文版序言》中，恩格斯又写道：“关于作者的引证方法，不妨说几句。在大多数场合，也和往常一样，引文是用作证实文中论断的确凿证据。但在不少场合，引证经济学著作家的文句是为了证明：什么时候、什么地方、什么人第一次明确地提出某一观点。只要引用的论点具有重要意义，能够多少恰当地表现某一时期占统治地位的社会生产和交换条件，马克思就加以引证，至于马克思是否承认这种论点，或者说，这种论点是否具有普遍意义，那是完全没有关系的。因此，这些引证是从科学史上摘引下来并作为注解以充实正文的。”②

从恩格斯这两段关于马克思引证方法的论述中，我们可以看出，它们虽然出自两个不同的时间和两篇不同的《资本论》第一卷

① 《马克思恩格斯全集》第 23 卷，第 32 页。

② 同上书，第 35 页。

序言，但其精神实质却是基本一致的。两段论述互相印证、互相补充，其意义是十分清楚的。撇开其他的引证形式不讲，单就马克思引证经济学家的理论观点而论，这种引证是为了“确定”或“证明”：一种在发展过程中产生的、能够多少恰当地从理论上表现当时经济状况的、在科学史上具有意义或重要意义的经济思想，是在什么时候、什么地方，由什么人第一次明确地提出来的。这种经济思想或理论观点，即使它不具有普遍意义，即使马克思不赞成、不承认，也要加以引证。因为这些引证是从经济科学的历史上摘引下来作为正文的注解，用以从时间和首倡者两个方面说明经济理论中的各个比较重要的成就。

根据恩格斯的论述，可见马克思在讨论“利息”问题时对马西著作的引证，是对马西经济思想的肯定和赞许，是对它的高度评价，是确认马西及其著作和经济思想在历史上的重要地位。因为马克思对马西关于利息问题的论述的引证，都是符合于马克思本人的经济学思想或观点的，这就说明马克思确实是把马西和他的著作作为自己理论的先驱和奠基者的，是承认马西在政治经济学史和利息理论史上的历史地位的。例如，马克思在讨论“利息是利润的一部分”这个问题时，在正文和脚注中均引用了马西著作中的同样论述，这就证明马克思已经确认马西是这一理论的“首倡者”，从而肯定了马西及其著作在经济科学史上应当占有的重要地位。其他如讨论利息率由利润率调节，确切些说是由一般利润率调节，以及平均利息率无规律可循等问题时，都是引证马西著作中的论述作为正文或其注脚，或者从马西的论述中作出结论，这些都充分地说明了这个问题。马克思对于马西著作的引证，并不涉及不赞成、不承认的问题，更未对之采取批判、否定或反对的态度。无怪乎马克思把马西的《论决定自然利息率的原因》一书称颂为一部“划时代的著作”。

从上面对马西利息理论四个方面的分析可以看出，在政治经济学史上，马西的《论决定自然利息率的原因》一书标志着产业资本已经占据统治地位，已经使借贷资本从属于自己；因此，它第一次把利润作为独立的经济范畴提出来，并且首先把利息同利润联系起来，断言利息是利润的一部分，还在此基础上初步阐释了科学利息理论的一系列基本问题，从而使利息理论获得了新的生机，跃上了新的台阶，走上了科学化的轨道。这是马西的前辈们由于受时代条件限制而没有解决也根本不能解决的，是他们所望尘莫及的。这大概就是马克思所说的这本小册子的“划时代”的意义吧！

图书在版编目(CIP)数据

论决定自然利息率的原因:对威廉·配第爵士和洛克先生关于这个问题的见解的考察/(英)约瑟夫·马西著;胡企林译.—北京:商务印书馆,2017
(汉译世界学术名著丛书:120年纪念版:珍藏本)
ISBN 978-7-100-14090-4

Ⅰ.①论… Ⅱ.①约… ②胡… Ⅲ.①利息率—研究 Ⅳ.①F032.2

中国版本图书馆CIP数据核字(2017)第137968号

汉译世界学术名著丛书
(120年纪念版·珍藏本)
论决定自然利息率的原因
对威廉·配第爵士和洛克先生
关于这个问题的见解的考察
〔英〕约瑟夫·马西 著
胡企林 译

商 务 印 书 馆 出 版
(北京王府井大街36号 邮政编码100710)
商 务 印 书 馆 发 行
南京爱德印刷有限公司印刷
ISBN 978-7-100-14090-4

2017年12月第1版 开本710×1000 1/16
2017年12月第1次印刷 印张5
定价:40.00元